组织动力

企业发展与变革的底层逻辑
Organizational Dynamics

杨 崑 朱春蕾◎著

人民东方出版传媒
People's Oriental Publishing & Media

东方出版社
The Oriental Press

图书在版编目（CIP）数据

组织动力：企业发展与变革的底层逻辑／杨崑，朱春蕾 著. —北京：东方出版社，2023. 1

ISBN 978-7-5207-3065-5

Ⅰ. ①组… Ⅱ. ①杨… ②朱… Ⅲ. ①企业管理—组织管理学 Ⅳ. ①F272. 9

中国版本图书馆 CIP 数据核字（2022）第 220283 号

组织动力：企业发展与变革的底层逻辑

（ZUZHI DONGLI：QIYE FAZHAN YU BIANGE DE DICENG LUOJI）

作　　者：杨　崑　朱春蕾
责任编辑：申　浩
出　　版：东方出版社
发　　行：人民东方出版传媒有限公司
地　　址：北京市东城区朝阳门内大街 166 号
邮　　编：100010
印　　刷：北京联兴盛业印刷股份有限公司
版　　次：2023 年 1 月第 1 版
印　　次：2024 年 7 月第 2 次印刷
开　　本：787 毫米×1092 毫米　1/16
印　　张：16. 25
字　　数：240 千字
书　　号：ISBN 978-7-5207-3065-5
定　　价：56. 00 元
发行电话：(010) 85924663　85924644　85924641

Contents / 目录

第四部分　组织

第五部分　案　例

推荐序

　　《组织动力》是一部在组织发展方面非常具有学术价值的书。它不同于其他的组织发展方法，是在组织的隐形视角下去探索组织发展。两位作者将组织动力学的前世今生以及争议毫无保留地呈现出来，知识量巨大。和我们熟悉的常识不同，读者需要下一些功夫去理解书中的内容，收获也一定巨大。

　　组织动力学强调对组织底层的管理，理解组织中的焦虑、恐惧等阴影如何塑造和影响组织中领导者的行为、成员间人际互动的张力等。组织是由团队组成，团队是由个体的人组成，彼此相互作用形成了独特的组织动力。要让组织动力和企业的发展一致，就需要理解这些动力的源泉。

　　人，蕴藏了巨大的潜力。如果组织能够形成一个"抱持"的环境，让员工的潜力释放出来，对于企业和个人都具有非凡的意义。这也许是人力资源从业者能够为企业和员工贡献的最大价值。

王淑红

诺和诺德中国人力资源与企业交流部　副总裁

前　言

一棵树，一棵树

彼此孤离地兀立着

风与空气

告诉着它们的距离

但是在泥土的覆盖下

它们的根伸长着

在看不见的深处

它们把根须纠缠在一起

—— 《树》（艾青）

　　如同艾青在诗歌中所描述的树木那样，商业社会中，员工、领导者、团队，甚至组织，在看得见的表面和看不见的深处会有截然不同的表现。 是什么在驱动着个人/团队/组织出现这样的差异呢？ 这正是本书要介绍的主题： 组织动力。

组织动力的研究，是将心理动力、系统论以及组织管理相结合，深刻揭示组织底层的运行规律，涵盖组织中个体、群体和组织层面，涉及领导力、团队发展、组织战略、组织文化、组织变革等诸多领域。组织动力的研究，对于深入理解人类组织行为具有重要的理论价值；同时对于管理者如何打造促进组织发展（OD）的容器，提升团队士气、创造力，培养具有完整人格的领导者和员工等方面，也具有较高的实践意义。

此前，中国管理学界和企业界对于强调组织架构设计、岗位设计等基础设施建设较为关注（本书称之为"硬 OD"）；近年来部分学者和企业人士开始关注组织中的人员动机、团队士气、组织文化等方面（本书称之为"软 OD"）；但对于组织中潜在动力（本书称之为"隐 OD"）关注甚少。而随着中国企业逐步做大做强，对于"如何洞察企业底层动力以促进组织发展"的需求日趋强烈。但另一方面，虽然此前有个别组织动力研究者（如凯茨·德·弗里斯、桑德拉等）的作品被介绍进国内，但对于这一领域近百年的研究成果而言，它们仅是很小的一部分。

本书致力于深入地总结梳理组织动力理论，更为全面地呈现组织动力研究对组织管理领域的洞见，加深组织发展研究者对组织的理解。同时，本书也为企业组织管理的实践者提供了看待组织的全新视角，从而帮助管理者探索深层撬动组织变革、提升管理效能的新策略，助力中国企业的纵深发展，敏捷成长。此外，本书呈现了组织构成和运作的底层规律，为广大职场人士摆脱职场异化，实现全人发展提供了思路。

本书既包含对组织动力理论的梳理和分析，也包含在企业实践中的案例，还有应用组织动力视角分析身边管理事件的趣味阅读。本书适合组织行为/组织发展/人力资源管理领域的研究者，企业管理领域、组织发展领域的从业者、高层管理者，以及广大职场人士等阅读。

笔者在写作本书的过程中得到了多方支持。特此感谢帅莉女士、季东来先生与笔者共同运用组织动力方法开展企业实践，形成本书中来自中国的案例；感谢王淑红女士慨然允诺为本书作序；感谢忻榕教授、陈生民研究员、吴青女士、李延女士对本书的推荐；感谢陈瑜女士对本书出版的关注和鼓励；感谢东方出版社申浩女士和崔雁行先生对本书出版的大力支持。

　　组织动力学是一门将心理学与组织管理相结合的交叉学科，相关研究文献和书籍不胜枚举。写作本书的过程，也是笔者不断学习的过程。本书对这一领域的梳理和呈现可谓挂一漏万，书中的内容难免有错误之处，欢迎广大读者批评指正。

杨崑

第一部分

何为组织动力

洞察组织潜在的力量

　　A 公司是一家软件外包企业，总部在北京，400 名员工分布在全国 5 个地区，为多个行业的头部企业提供外包服务。前几年，公司发展迅猛，业务增长较快。但是，近两年来，公司利润下降明显。为了扭转这种局面，上一年开始公司计划开发一款拳头产品，替代原来的驻场服务模式，以此提升公司利润。

　　对于 A 公司来说，这是一次重大转型，然而实施过程困难重重。首先，项目经理不能独当一面，不敢与较为强势的客户直接沟通，也无法有效管理客户，常常造成项目延期。其次，各地驻场人员扑在各自的项目上，难以抽调整合形成产品研发团队，导致产品开发进展缓慢。还有，公司首席执行官终日奔波于各个现场与客户周旋，搞得精疲力尽。由此带来的结果是，上下级关系紧张，团队士气低落，公司内时常相互抱怨。

　　面对公司出现的状况，管理层也做过讨论并采取了措施。比如，人力资源部为项目经理们开展了沟通技巧的培训，希望帮助他们提升与客户沟通的能力，但实际效果有限。人力资源部还提供了合理授权的培训，但项目人员的能力仍不给力，公司首席执行官还得奔波于各个现场。针对项目人员与总部之间的冲突和抱怨，公司也组织了团队协作的培训，但这种情况并未改善，甚至愈演愈烈。有几次，在和客户的领导开会时，项目经理反过来帮客户说话，搞得公司首席执行官很尴尬。A 公司很强调"正能量"，高管层对个别发牢骚的员工提出了批评。

看到上述种种难题迟迟得不到解决，公司首席执行官甚是着急。他希望能有一种方法帮助他们强化团队凝聚力和提升中层管理者的能力。

组织动力方法

经过朋友的推荐，公司首席执行官了解到一种称作"组织动力方法"的工具。在当今 VUCA（易变、不确定、复杂、模糊）的商业环境下，组织面临的一项挑战就是，如何训练领导者和员工适应这样的商业环境。组织作为一个系统，有其自身的生命，既包含意识层面，也包含底层心理动力层面，两者互为镜像。底层心理动力包括边界、权威、角色、任务等群体双重性要素，兴奋、抑郁、焦虑、愤怒、脆弱等底层情绪状态，依赖、战斗或逃跑、配对、合一、唯我等基本假设，分裂、移情、身份认同、否认、社会防御等机制。它们弥散在组织的各个层面，形成了组织的潜在动力，亦称组织动力。

组织动力方法，就是通过多种活动，如动力情境体验、生活空间活动、小型学习组、大型学习组、组间学习活动、机构间学习活动、心目中的组织、社会梦场、组织角色分析、组织交换、回顾与应用等，营造一个 VUCA 的环境，让组织成员置身其中，逐步理解组织场域中的潜意识动力，并将它们作为领导者成长和组织发展的丰富资源，促进组织的成熟发展。

于是，A 公司找到了一家专门运用"组织动力方法"的顾问机构，请他们为公司 35 名中高层管理者定制一场培训，以提升团队凝聚力和中高层管理者的担责能力。顾问团队根据 A 公司的情况，制定了一个为期 3 天的组织动力工作坊方案，重点在于帮助公司呈现底层的动力，促进学员体验和反思自身与他人之间的关系，理解管理团队作为一个整体是如何工作的，从而找到解决公司难题的方法。

为期 3 天的组织动力工作坊		
第一天 动力情境体验 理论 1：边界、权威、角色任务 生活空间活动 小型学习组 回顾与应用	第二天 理论 2：组织动力 大型学习组 心目中的组织 回顾与应用	第三天 理论 3：系统思考 组间学习活动 回顾与应用

图 1-1　组织动力工作坊设计

3 天的工作坊设计了丰富的活动形式：

● **动力情境体验**

动力情境体验活动引导学员按照简单的规则在空间中移动，目的在于引导学员将注意力收回，去关注自身在所处系统和环境中的状态，并让他们看到系统的涌现以及自己与系统的关系。

● **生活空间活动**

生活空间活动为学员创造安全的心理空间，让学员分享各自的生活事件，目的在于引导学员探索自身作为全人所担负的多重角色，并对其他成员作为全人进行深入了解，增强成员之间的底层连接。

● **心目中的组织**

将学员分组，每人绘制各自心目中组织的形象，然后小组内进行整合，目的在于呈现学员对于组织的幻想，并通过对差异性的探索，澄清底层的假设，形成对组织现实的学习。

● **小型学习组**

学员分成若干小组，无领导、无结构、无主题地开展讨论。该活动可以映射企业内小群体的人际环境，目的在于帮助学员从群体整体的视角，观察、体验、探索小群体的人际互动、群体动力，以及群体的发展变化。

● **大型学习组**

全体学员以特定形式围坐，无领导、无结构、无主题地开展讨论。该活动可以映射企业内只能部分看到他人、其他团队、其他部门的组织环境，目的在于帮助学员从组织整体的视角，观察、体验、探索全体成员在 VUCA 情境下出现的情绪感受、互动特点、沟通交流、问题解决等。

- **组间学习活动**

学员自发形成若干小组，讨论局部与整体的关系。虽然有一个总的主题，但各小组及小组之间讨论的时候，没有子主题，也没有领导者和结构。该活动可以映射企业内跨部门之间交互的动力，目的在于探索各小组之间的关联性（详见第 6 章），以及各小组与组织整体之间的关联性。

- **回顾与应用**

学员分组，在顾问带领下回顾当天的活动及自己的体验，目的在于引导学员思考自己在各项活动及日常生活中的角色，并将获得的学习体验应用到工作系统中。

需要指出的是，小型学习组、大型学习组、组间学习活动关注的是此时此地（here and now），采用的是无主题/子主题、无领导、无结构的讨论形式。不同于学员习惯的层级结构中的组织形式，这样的活动形式容易让学员产生极大的焦虑，从而使组织固有的底层动力能够更清晰地浮现出来。活动进程中发生的种种情形和浮现的种种议题，都是组织日常模式中底层动力的反映，可以作为素材供学员体验和反思，从而促进组织的发展。

体验与反思

在 3 天的沉浸式"组织动力"工作坊中，学员不断体验和反思自己与他人建立关系的模式，以及自己与团队、组织的关系。在这一过程中，团队的情绪与感受不断变化，学员从中体验自己如何应对与处理各种焦虑。在团队的分享者不断转换时，学员体验自己如何融入与切换角色。在团队讨论与交流之中，学员体会组织作为一个整体如何运作。

在 3 天的工作坊进程中，浮现了丰富的管理和领导力议题，这些议题直接反映了前面提到的组织底层心理动力，为公司管理者带来了诸多启示和反思，并使其由此找到了解决组织难题的方法。限于篇幅，我们主要描述了 3 个重要议题的浮现和反思过程。

议题 1：权威

在大型学习组的讨论中，有学员谈到自己与父母关系不融洽，彼此疏远，一个年长的学员则讲述了自己养育子女的情感。这时候，另一个学员提到了"甲方爸爸"。所有人于是开始就与甲方的关系展开了长时间的讨论。在讨论过程中，学员们逐渐意识到，与甲方客户的关系取决于自己如何行使自身的内在权威。在大型学习组的后续环节中，有学员开始尝试使用内在权威与领导者正面交锋，比如，提出追加资源的要求；不再一味答应同事的要求，而是坚守自己的边界等。公司高管对下属表现出的个人意志和不服从、部门之间推诿和讨价还价，表示不满。

在小型学习组活动中，无主题的讨论总是由公司首席执行官发起。顾问制止了他，请他静默 10 分钟，观察和体验给团队一些空间和机会后会发生什么。首席执行官沉默后，学员开始主动发言，并逐渐活跃起来。

在回顾与应用环节，高管团队反思，如果管理团队成员能够调动自身的内在权威，固然能够和客户平等沟通，促进项目顺利进展，但另一方面，这也对高管的管理权威形成挑战。

分析　顾问通过让首席执行官静默，引导学员反思与权威的关系等方面，帮助学员体验：下属对权威有畏惧心理，开始尝试直接对抗权威，但又进退失据。与此相对应，领导者害怕失去权威，以员工能力不足为借口，把持权威的位子。这两种力量相互纠缠，形成死循环，导致首席执行官等高管疲于在各个现场与客户周旋，无法抽身进行对企业更重要的战略行动。

成果　工作坊结束后，公司发生了一系列变化。中层管理者能够逐步调动自身的内在权威，也逐渐意识到当每个个体都行使内在权威的时候，需要一个协商的过程。在公司内部，他们能够与各部门进行协商，甚至向高管表达自己真实的想法。在公司外部，他们能够与客户平等沟通。公司首席执行官得以从繁忙的客户周旋中解脱出来，而令他感到意外的是，客户服务的效果反而提升了。

面对下属调动自身的内在权威，不再像原来那么顺从，公司高管们一度感到担心和焦虑。通过在工作坊的反思，高管们认识到需要重新探索自身权威性的来源。首席执行官意识到，自己的权威性不是来自下属的听话，而是来自自身的内在权威。团队成员只有不再把首席执行官当"爸爸"，能够行使自己的内在权威，才能不再把客户当"爸爸"，能够平等对话，实现双赢。

议题 2：身份认同

在大型学习组活动中，有学员谈到，各个项目组常年在客户现场工作，他们感觉自己既是 A 公司的项目成员，也是 A 公司的外交大使，有时还不自觉地替客户说话。有个项目经理也谈到，他们服务的都是各行业的头部客户，这些客户很善于营造文化氛围。他们长期在客户企业工作，就会受到客户文化的影响，有时恍惚中不知道自己是哪个公司的人。

在组间学习活动中，有些学员在不同小组之间游离，不知道自己该属于哪个小组。在回顾与应用环节，也有项目经理谈到，感觉自己如同浮萍飘在外面，很不舒服。

分析　面对学员对自己身份的迷茫感，顾问引导学员反思局部和整体的关系，帮助学员体验到：由于公司采用虚拟团队的模式，团队散落于各处，难以形成共同的身份认同感。有些学员身处多个组织的界面上，对自己属于哪个组织感到迷茫。与此同时，客户企业拥有良好的组织文化和品牌效应，容易让项目成员产生较强的身份焦虑。

成果　这一议题的浮现让公司高管层意识到打造身份认同感的重要性，这是公司的管理盲区。此前，对于驻场人员与总部发生冲突，以及替客户说话，高管层认为是团队协作问题，加强协作方面的培训就可以了，但收效甚微。从工作坊体验来看，塑造员工的身份认同感，成为 A 公司迫在眉睫的工作。这个问题不解决，公司就会面临人才流失的风险。

工作坊结束后，公司首席执行官让人力资源部设计了一个为期 1 年的项目，着力打造员工共同的身份认同感。

议题 3：脆弱性

在生活空间活动中，有名女学员哭了。她长期出差，压力大，无暇照顾家人和孩子。参训的男学员看到这一幕后不知所措，采取了回避的态度。

在"心目中的组织"环节，大家用画画的方式呈现各自心目中对组织的认识。很多学员勾画出参天大树、美丽花园等积极的意象。有个学员画了一艘斑驳的航船。他说，各个项目组驻场为客户服务，就像一艘艘出海的航船，在经历风浪后，满身斑驳，需要回到港湾，停泊靠岸。但是，这样的意象很快淹没在更多高耸入云的大厦等意象中。在最终整合而成的公司整体意象中，这部分意象也是毫无踪影。

在大型学习组活动中，有项目经理反复提及在项目现场与客户打交道的故事，泪水中混合着打趣。公司高管谈及的则是产品研发战略的重要性，并严肃强调只许成功不许失败。这时候的气氛是沉重和焦虑的，但紧接着，话题又转向了与客户打交道的逸闻趣事上。

分析　顾问引导学员反思了脆弱性对公司整体的意义，帮助学员体验到：在公司，过度谈论脆弱性是不被允许的。女学员的哭泣、斑驳航船的意象，其实都代表了管理团队整体的脆弱性。此外，产品研发的战略意义被过度强调，导致拥有成功经验的项目经理们，极力回避产品研发可能失败的风险所引发的焦虑。他们宁愿在自己熟悉的项目服务领域不断超负荷工作，完成一个又一个项目任务，让自己不会被抽调去做可能遭遇挫折的产品研发。〔在组织动力领域，这一现象通常称作"反向任务"（anti-task）〕。而上述种种脆弱性被公司倡导的"正能量"文化所压制，不允许表达出来，导致在组织底层形成无法言明的情绪。

成果　工作坊结束后，公司首席执行官不断反思并意识到，公司需要创建更为包容的文化，允许和支持脆弱性的存在，这样才能让管理团队有勇气面对可能的失败，敢于在新的领域做出尝试。在业务战略方面，高管层决定将产品研发定位为战略创新项目，重在试错。对失败采取宽容和鼓励的态度，快速失败，快速迭代改进。在组织文化方面，要打造更为柔性的企业文化，允许员工暴露自身的挫折、脆弱，寻求组织的支持，使公司成为一个栖息的港湾，包容和吸收员工的挫折感和脆弱性，以利再战。

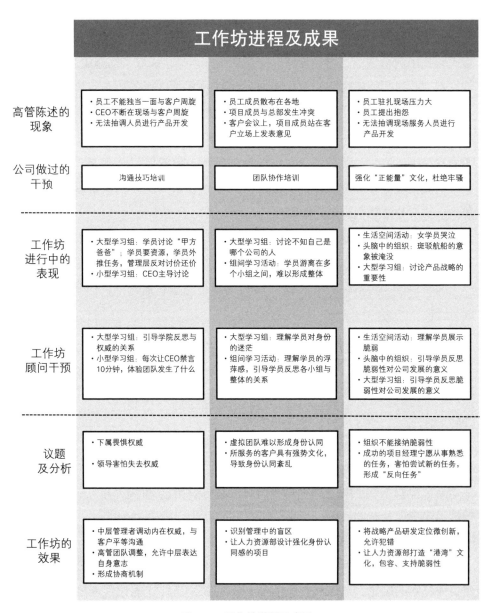

图 1-2　工作坊进程及成果

为何是组织动力方法?

在当前 VUCA 的商业环境下，企业需要采取更为灵活的方式应对外部挑战，也就是由基层的组织单元对变化进行快速响应，有效应对复杂的环境，获得组织的生存。要做到这一点，企业需要拥有更为成熟的领导者和员工。例如，网飞公司就提出"我们只招收成年人"。所以，如何将原来层级化组织中的"孩子"迅速培养为"成年人"，实现企业的成熟发展，成了企业转型进化的重大课题。

然而，在促进组织深层发展和转型方面，传统的培训方式力道不足。在 A 公司案例中，我们可以看到，公司此前培训侧重于基于胜任力的发展方式，针对某些现象提供零散的解决方案，给受训的管理者注入更多知识、技能和能力。这样的培训发展方式就像在手机上安装更多的 App，虽然为管理者应对外部变化提供了更多的工具，但他们的成熟度并没有提升，难以将新习得的能力发挥到位。因此，企业需要新的工具和方法，对领导者和组织进行更深层次的培养和发展。组织动力方法就是这样的一种工具。

不同于强调显性能力提升的传统方法，组织动力方法旨在揭示底层潜意识动力对组织发展的影响。它强调理解组织中的焦虑、恐惧、嫉妒等底层心理动力，是如何塑造和影响组织中领导者的行为，以及成员间人际互动的张力。此外，当组织面临 VUCA 环境，领导者和组织成员的焦虑水平会不断增加，他们就会在内心采取一系列措施应对这些焦虑，形成防御机制。其中一种典型的防御机制，就是上文提到的"反向任务"行为。组织动力方法通过帮助领导者识别自身和组织的防御模式，提升领导者的成熟度，实现组织深层的发展。

在 A 公司案例中，组织动力方法在 3 个方面促进了参与学习的管理者获得体验和收获。第一，组织动力工作坊营造一个 VUCA 环境，学员置身其中，不断体验焦虑情绪，由此提升了自己对焦虑的耐受能力。第二，在工作坊过程中，学员逐步识别自身的诸多底层模式（如焦虑防御、关系建立、与

传统方法 vs 组织动力方法		
	传统方法	组织动力方法
基本观点	把组织看作很多个体的总和 从局部现象的视角进行诊断和干预，试图以增强局部个体能力的方式提升组织	把组织看作一个整体 局部中蕴藏着整体的信息，从系统作为一个整体的视角进行诊断和干预
关注	关注彼时彼地的问题现象、行为和能力目标	关注此时此地的底层无意识和潜在动力
进程	瀑布式，对问题进行诊断分析，确定需求，设计培训方案，培训完成后，项目跟进期一满，项目即告结束	喷泉式，以过程咨询方式不断揭示底层动力，涌现的议题不断发酵，形成持续探索迭代
干预策略	提供培训，改变人，增强技能 讲授、体验、演练	调整组织环境、塑造人、释放组织潜力 沉浸、体验、反思
效果	行为转变、能力提升、心态调整	组织系统转化，成熟度提升

图 1-3 方法对比

权威的关系等），并尝试建立新的模式，不断试错和调整。第三，学员逐步识别团队和组织的底层模式（如组织缺乏对脆弱性的包容、共同的身份认同感不足、被"反向任务"占满等），并在组织作为一个整体的层面进行调整。这样的干预方式强调提升领导者的内在状态，关注如何使领导者的思考更加复杂，更具有系统性、全局性，以此提升领导者和组织的成熟度。

组织动力方法作为一种沉浸式反思学习方法，为 VUCA 时代的企业和领导者提供了一个纵深发展的"容器"，让企业和领导者在成长过程中不断试错，不断成熟。而持续培养成熟的领导者，构建深层发展的组织，正是面临 VUCA 环境的企业亟须打造的一项组织能力。我们相信，随着组织动力方法在中国企业中的广泛应用，它将帮助更多企业扫清发展的阻碍，释放组织的潜能。

说明：本文出自《商业评论》2021 年 1 月号登载的文章《洞察组织的暗力量》，作者：杨崑、朱春蕾、帅莉、李东来，略有修改。版权归《商业评论》所有。非经《商业评论》事先书面同意，该文章的全部或部分均不得以任何方式再造、复制、抄袭、修改、发布、转发、再版或交易。

隐形视角下的组织发展

2017 年 7 月 20 日，年近 9 旬的"组织文化之父"埃德加·沙因（Edgar H. Schein）应中国"组织发展高峰论坛"之邀，远程进行了"组织发展的过去、现在与未来"的演讲。在演讲中，沙因指出组织发展（Organization Development, OD）起源于二战后，以威尔弗雷德·比昂（Wilfred Bion）和科特·勒温（Kurt Lewin）为代表的组织管理学家，创造出多种组织发展流派和一系列干预技术，对组织的发展产生深远影响。

如图 2-1 所示，目前常见的组织发展和领导力发展实践，可分为三大支柱：

（1）**硬 OD**：强调组织管理中架构如何设计更加符合公司治理和信息传递的逻辑，如何更为高效率地支撑公司战略的执行。

（2）**软 OD**：强调组织管理如何维持组织长远健康的发展，包含组织运转背后人员动机的促进，组织有效性的提升，组织持续的学习和遗忘，组织的凝聚力和文化价值观传承。

（3）**隐 OD**：强调对组织底层动力的管理，理解组织中的焦虑、恐惧、嫉妒等阴影如何塑造和影响组织中领导者的行为、成员间人际互动的张力等。

目前市面上流行的组织发展干预技术，大部分是在组织层面从外部（如组织结构设计、岗位设计）或在个人层面从外部（任职资格和胜任力）进行

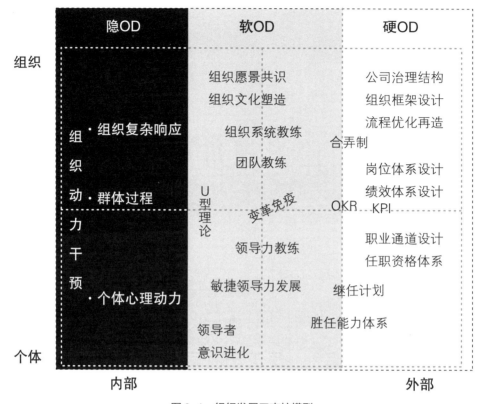

图 2-1　组织发展三支柱模型

干预，而组织动力的干预方法，一方面通过对个体内部潜在动力的强调，提升组织中个体的觉知；另一方面，将组织视作一个开放系统，强调对系统内在动力的理解和干预。和近来热门的 U 型理论[1]有所不同，组织动力方法着力挖掘组织底层的潜意识动力所蕴藏的价值。

由于其显性特征，容易引起重视，目前在中国很多企业已经着手硬 OD 的实践，并投入较大的关注度。同时，随着发展成熟度的提升，有一些企业开始触及软 OD。但对于隐 OD，目前企业涉及的还不多，一方面是由于组织动力对组织的影响需要专业人员的识别；另一方面是因为中国企业的发展阶段，还未顾及更深层的组织发展要素。

何为组织动力

组织管理学家指出，组织作为一个系统，有其自身的生命，既包含意识层面也包含潜意识层面，两者互为镜像。潜意识弥散在组织的各个层面，形成组织的潜在动力。组织动力方法将群体以及其中的个体视为一个系统，通过多种活动厘清各自的边界、权威、角色、任务，逐步理解并有效利用组织场域中的潜意识动力，作为个体成长和组织发展的丰富资源[2][3][4][5]。

个体层面——员工与领导者心理动力

个体层面的组织动力，是指个体心理动力及其对组织的影响。员工会带着各自的议题进入到工作场所当中。例如，员工可能带着未满足的家庭需求走进工作情景（如将与经理的关系投射成与父母的关系）；员工也可能带着未解决的冲突（如与权威的关系）进入组织；员工还可能带着与兄弟姐妹之间无意识的同侪竞争，进入到与同事的合作当中。这些议题与工作场所的任务并不匹配，因此会引起焦虑、迷惑、愤怒、攻击等动力[6]。

与此同时，企业中的领导者作为特殊的个体，也是组织动力重点关注的方面。哈佛大学教授罗伯特·凯根等人[7]研究发现，大多数企业的领导者，其实是在做**两份工作**：一份工作是上司让其完成的本职工作；另一份工作是在管理他人对自己的看法和印象，忙于隐藏自身的缺点和不足，而着重展现自己的光鲜靓丽。曼弗雷德·凯茨·德·弗里斯（Manfred Kets de Vries）[8]指出，企业的领导者自身童年的经历，会影响其成年后作为领导者的表现。

也许因为亲情的缺失，也许因为智商超群，这些孩子自小就不合群，缺乏自尊、自信和安全感。这些童年的阴影，反而促使这些孩子在成长的道路上比别人更加积极进取，用比别人更强烈的权力欲和控制欲来掩盖陪伴了自己童年的无助感和孤独感。尽管不完美的性格造就了成功的领导者，但是另一方面，大多数"平庸"的下属则"伴君如伴虎"。这样的领导者，也会给组织带来不小的动力扰动。

群体层面——群体过程论

组织动力方法[9]认为：当一群人组成一个群体之后，群体就开始以系统的方式运作。群体有表层/外显的一面，还有深层/内隐的一面。群体外显的一面，被称作"工作群体"，其关注点不在群体或团队自身，而是在工作任务上。群体的主要任务是生存。成员们有意识地追求既定目标，结合大家的问题解决技巧和决策能力，为完成任务而工作。虽然群体成员们各有隐藏目的，但他们会通过控制，防止这些隐藏目的浮出水面，以防干扰公开的群体任务。

然而，个体成员未必能够觉察到，自己的公开意图和隐藏目的之间存在着差异。群体成员们"隐藏目的"的集合，组成了群体生活的深层/内隐一面，被称为"基本假设群体"："基本"指的是群体的生存动机；"假设"指的是生存动机并非基于事实或现实，而是基于群体成员的集体投射。在理性群体之外，同一个群体还由无意识的愿望、恐惧、防御、幻想、冲动和投射组成。深层/内隐的基本假设群体向内关注，焦点在于幻想和更为原始的现实。

比昂[9]区分了三种不同类型的基本假设：依赖，战或逃，配对。皮埃尔·特奎特（Pierre Turquet）[11]加上了第四种：合一；戈登·劳伦斯（Gordon Lawrence）[12]等加上了第五种：唯我。

依赖（dependence，baD）：其目标在于从一个个体那里得到安全和保护。这个个体可以是群体指派的领导，也可以是承担这个任务的其他成员。

战或逃（fight or flight，baF）：群体感觉其生存要么依赖于战斗，要么依赖于从任务中逃走。

配对（pairing，baP）：群体依赖于两个个体和他们之间的情感联结，其中体现出温暖、深情、亲密和亲近；其他成员变得不再活跃。

合一（One-ness）：群体致力于一场"运动"，群体成员只求被动参与，以期感觉到存在、健康、完整。

唯我（Me-ness）："群体"的概念被看作负面的，成员认为唯一可以被考虑的是个体的真实，期待群体成为独立个体的集合。

群体过程论揭示了群体和组织冰山底层的运作机制，成为组织发展不可或缺的重要视角。

组织层面 —— 复杂响应过程论

在组织层面，组织动力理论认为，组织是一个整体的复杂系统。组织系统的一部分部门承担着整个系统的某部分情绪能量[12]。例如，从组织系统的整体来看，工作条件肮脏的蓝领工人承担了系统中污秽混乱的部分，而工作条件光鲜的白领则承担着系统中整洁、有秩序的部分。而这两部分依据各自的规则管理着不同的组织边界。

与此同时，组织既包含基于经济人假设的组织合法系统，也包括基于组织动力的"阴影"系统。组织中的人们是同时在这两种系统中运作的。组织的集体无意识通过"集体审议机制"影响组织的决策：人们被具有自我欺骗性的假定共识、集体幻想和感知所引导，干扰他们用钻研的眼光考虑问题并进行现实可行性测试的能力[13]。

此外，组织文化的塑造也受到潜意识的影响。将一个组织维系在一起的共同价值观，常常来源于潜伏在意识表象下的共同担忧[13]；强调团队合作文化的组织，将成员的品质予以理想化，同时将恐惧、愤怒、嫉妒和其他不良冲动投射到非成员的人或物上，把他们看作威胁或敌人；强调内部争斗文化的组织，将有害的冲动在内部进行释放，根深蒂固的嫉妒会导致人们阻碍其他员工的成功，同时被迫害妄想也阻碍人们接受批评和纠正错误，抑制了组织学习的发生。

有鉴于此，组织动力学家拉尔夫·史黛西（Ralph Stacey）认为，组织几乎很难演进到与其长期战略相一致的未来[14]。史黛西认为，组织的本质是一个人类关系的过程，在每一个组织中，人们采用应答进行相互作用，产生合作、协调、冲突和竞争等关系。组织的战略就是人们在局部与他人持续应答而生成的、新的组织整体模式。组织中同时存在着相互矛盾的张力：组织中的个体和群体，既是相互矛盾的，又是相互生成的；复杂的任务既要分工完成，又要合作整合；局部相互作用和战略模式浮现的过程，既是创造性的又是破坏性的。矛盾不会彻底得到解决，只会不断被重组。这些同时共存的矛盾，进一步塑造了组织的动力，不断产生和创造新的战略。

结　语

不管你顾不顾及，组织动力都在那里，影响着组织和组织中的每一个个体。因此，对于组织发展而言，硬 OD、软 OD 和隐 OD，这三个方面的干预缺一不可。2002 年诺贝尔经济学奖得主心理学家丹尼尔·卡尼曼（Daniel Kah-neman）在研究中发现[15]，人类存在两套系统：一个是缓慢思考，理性推导的系统；另一个是快速响应，非理性直觉的系统。硬 OD 和软 OD 属于慢系统的干预，而隐 OD 属于快系统的干预。这就是为什么某些企业从刚性制度，到企业文化，到员工激励似乎做得非常到位，却仍然会令人不解地出现一些突发状况。隐 OD 的组织动力视角，提示我们去了解在这样的企业中，阴影是怎样构成的，又是怎样被处理的，能够发现新的端倪。

　　组织动力的分析，是一家企业最底层的解码，需要组织发展工作者在干预表层的显性组织问题的同时，沉到最深处、隐到最暗处去聆听、去感知。

　　说明：本文原载于商业评论网，原名《组织动力：OD 三支柱中的隐形视角》，作者杨崑，略有修改。

第 **3** 章
CHAPTER

组织动力的背景

历史源流

从组织动力的视角来看，管理问题是在组织术语中被放大的人的精神问题[1]。西格蒙德·弗洛伊德（Sigmund Freud）作为精神分析的鼻祖，对人类的精神问题及潜意识有较为深入的研究。在他之后，出现了安娜·弗洛伊德（Anna Freud）、卡伦·霍妮（Karen Horney）、梅兰尼·克莱因（Melanie Klein）、唐纳德·温尼科特（Donald Winnicott）等继任者，不断完善精神分析理论，对人类的精神世界进行了深入的探索[2]。与此同时，学者们逐步将精神分析理论与系统理论，以及组织管理情景相结合，形成独特的组织动力视角。

1921 年，英国塔维斯托克侯爵资助了一个心理学研究项目，其内容是评估一战幸存英国士兵的心理状况。此后，该研究所作为组织发展的重镇，增强了欧洲组织发展研究的深度和广度。比昂（Wilfred Bion）深化了群体心理动力的研究，提出群体过程论。他的后继者不断将其理论应用于组织情景当中。例如，艾略特·贾克斯（Elliot Jacques）等人深入研究了组织中的社会防御；埃里克·特里斯特（Eric Trist）等人将组织既视为技术系统又视为社会系统，提出社会技术系统理论。

心理学家勒温（Kurt Lewin），作为法兰克福学派的著名人物，在希特勒上台后受到迫害逃往英国。在那里他遇到了塔维斯托克的埃里克·特里斯特（Eric Trist），当选该组织的研究总监，并于 1933 年移民美国建立了哈佛心理研究所，开展社会动力学研究。20 世纪 50 年代，克里斯·阿吉里斯（Chris Argyris）结合勒温的"民主气氛"教学研究，参与国家培训实验室（NTL）的工作，并开创了对组织培训产生重要影响的 T-group 等感受式培训方法。由此，组织动力在美国开枝散叶，发展开来。

此外，被称作"管理学界弗洛伊德"的凯茨·德·弗里斯将组织动力方法引入欧洲工商管理学院（INSEAD，Institut Europé en d'Administration des Affaires），用于培养企业高层管理者的项目当中，使得 INSEAD 也成为组织动力研究的一方重镇。

总体而言，组织动力的起源来自三个方面：以弗洛伊德为代表的个体精神分析，心理动力；以比昂为代表的群体关系研究，分析"群体作为一个社会系统，以及个体与该系统的关系"的行为；系统论，特别是开放系统理论、复杂系统理论和边界意识[3]。

组织动力学建构在如下四个原则之上：（1）对无意识力量如何影响人类功能的思考；（2）关注相互作用的个人和群体水平的分析；（3）对该领域理论的产生和变化采取积极参与的态度；（4）对超然的科学家权威，以及压制性的领导者与官僚组织的权威，怀有颠覆性的意图[4]。

相关研究者和实践者采用系统心理动力方法（Systems Psychodynamics Approach[5]）、组织动力（Organization dynamics[6]）、社会分析方法（Socioanalytic Method[7]）等不同词语指称上述理论和方法。笔者认为采用"组织动力"这一词语，既能很好地将上述理论和方法与组织管理相连接，又便于组织管理的实践者理解，因此本书采用"组织动力"这一词语。此外，本书关注组织动力理论在组织及管理实践中的应用，而非精神分析的理论探讨，因此不对"潜意识"和"无意识"作更为细致的区分。本书根据不同的语境，对这两个词语交替使用，表达相同的概念。

家庭系统与组织系统

此前的组织管理研究更多关注的是成员在组织中的动机、行为等方面，而将组织成员的家庭背景、个人成长经历排除在考虑之外。从表面上看，家庭系统与组织系统存在着较大差异，人们不会把两者混为一谈。建立一个组织实体是为了产生产品和服务。而家庭是由血缘和婚姻将不同个体联系在一起的群体。通常家庭并不产生产品或服务。然而近距离考察就会发现，家庭和组织系统有很多相似之处。婚姻专家唐纳德·杰克逊（Donald Jackson）将家庭描述为一个互动的沟通网络，每一个身在其中的成员都在影响着整个系统，同时也被这个系统所影响[8]。无独有偶，就组织而言也是类似的：组织中的每名成员影响着组织，同时也被组织所影响。沙因甚至认为，将家庭与组织看作类似的系统模型，是研究人员对人类群体的实际研究成果最近似的表述[9]。组织系统与家庭系统的底层存在着7个相似的特性[10]：

1. 个体在组织系统和家庭系统中都花费了大量的时间和精力。

2. 组织以主管、经理等形式提供了一套类似于母系的环境氛围，来善待和照顾员工。

3. 历史上在很多家庭中，通常男性处在家庭管理阶梯较高的位置，这与组织中职位的性别角色区分类似（虽然这一趋势正在组织和家庭中发生变化）。

4. 商业组织由不同的子系统构成。这些子系统在促进某些功能和任务达成的同时，也限制了另一些。如同家庭系统一样，商业组织包含不同的显性和隐性子系统。显性的子系统包括管理层、不同部门、正式的沟通渠道；而隐性的子系统包括：与员工意见相左的经理们、与其名声不相称的部门、远近亲疏造成的不同资金分配，以及员工中间的飞短流长。如同家庭系统一样，隐性的子系统及其结盟方式是导致组织困境最底层的原因。识别这些模式，是实施有效干预的前提条件。

5. 跟家庭系统类似，组织拥有严丝合缝的信念系统、比喻系统和价值观系统，这些系统强烈地影响着员工履行其职责。此外，组织中也存在着与家庭系统内部类似的内部神话。

6. 管理层（或父母层）所做的负面高压力干预，将会在底层产生反响。两个部门经理之间的争吵，将引起各自部门之间员工的张力或冲突。就如同在家庭中，父母的争吵会引起孩子产生压力。

7. 组织中和家庭中一样，没有谁是"病人"，问题的根源在于系统。

因此，组织系统与家庭系统类似，两者都具有不同程度的凝聚力、严格或灵活的角色结构；两者都在系统中进行权力分配；两者都拥有显性和隐性的子系统；两者都有一套弥漫在各处的信念系统。组织功能优化所依据的原理与家庭功能优化所依据的原理是一样的，即采取系统的方法理解行为变化所处的情景[11]。如第 2 章所论述的，员工可能带着未满足的家庭需求，或未解决的冲突进入组织，进入到与领导的沟通当中和与同事的合作竞争当中[12]。对家庭系统的深刻理解，有助于我们反思自身在职场的行为模式，有助于理解组织在发生着什么。在组织中的思考和实践又有助于我们修复和优化家庭的功能。两者相辅相成。

综上所述，在讨论组织管理的议题时关注个体的成长历程，以及将群体的状态与家庭系统相联系，成为组织动力理论的一个特点。从下一章开始，我们对组织动力的介绍，将先从与家庭系统最靠近的个体议题开始谈起。

第二部分

个　　体

防　御

焦　虑

　　焦虑被认为是所有扭曲和创造性工作关系的根源[1]。 焦虑可分为三个层次加以理解和解决：原始焦虑、工作引发的焦虑和个人焦虑[2]。

　　原始焦虑永远存在，而且无处不在，影响着每个个体。任何威胁与组织分离的因素都会导致这些原始焦虑造成的退行（见本章"防御机制"一节）。原始焦虑又可以分为迫害型和抑郁型[3]。迫害型焦虑与对毁灭的恐惧有关。迫害型焦虑存在于偏执的精神分裂症中——其特征是偏执狂和分裂。另一种形式的原始焦虑是抑郁型焦虑。抑郁型焦虑与对破坏的恐惧有关。一个人的破坏性冲动将摧毁依赖和爱的对象。当个人无法摆脱抑郁状态时，他们通过分裂的方式来处理愤怒、内疚和损失。由于组织生活往往形式变化多样，注定会涉及丧失。这导致个人显得冷漠，试图避免受到与丧失相关的影响。

　　当某事触发过去的经历时，人们会感受到个人的焦虑。因此，工作通常会引发员工的焦虑，工作安排不是为了实现首要任务，而是为了保护成员免受焦虑的困扰[2]。工作产生的焦虑在意识和无意识的层面，与原始的个人焦虑产生共鸣。在处理焦虑时，利用组织结构、政策、规则和标准，促进安全和减轻压力或紧张都是很常见的[3][4][5]。

原始防御

组织系统总是面对纷繁复杂的局面。身处其中的个体，总会面临痛苦、焦虑或威胁。根据精神分析理论，个体在成长过程中，逐渐形成一系列无意识的心理过程，来逃避或减少这些无法忍受的情绪。这样，我们就能继续不受干扰，摆脱这些威胁、痛苦或焦虑。这些无意识的心理过程，被称作"防御机制"[6]。

婴儿在生命之初，在第一次体验到与外部世界的连接之后，就忙于处理生与死之间的焦虑。生与死两者都是人类的本能。"死本能"是一系列破坏性冲动。婴儿将被害的焦虑与世界上唯一存在的东西——母亲的乳房——联系在一起。母亲的乳房被认为是一种外在的、无法控制的，施加迫害的物体。母亲的乳房被剥夺，意味着对婴儿的攻击，婴儿感到遭受迫害。因此，婴儿将母亲的乳房感知为一个产生迫害感的"坏乳房"。另一方面，"生本能"又促进婴儿对母亲的依恋。婴儿将母亲的乳房进行理想化，将其感知为一个"好乳房"——一个既能提供令人满意的体验，又能保护婴儿免于受伤害的物体。"好乳房"成为婴儿自我的焦点。"坏乳房"成为婴儿自我内在的威胁。这就是婴儿最早的爱与恨、善与恶的体验。此时婴儿处理的焦虑主要是对来自人格内部毁灭的偏执的恐惧。婴儿通过这样无意识的"分裂"过程，将母亲的乳房分为"好的"和"坏的"，保护自己免于被压倒性的焦虑所淹没。母亲的乳房，成为婴儿探索世界的"过渡性客体"[7]。

克莱因将婴儿期上述这种无意识的原始防御状态，称为"偏执—分裂心位"。在偏执—分裂心位，占主导地位的是投射过程。此时处理的焦虑，主要是对来自人格内部毁灭的偏执恐惧。为了生存，个体将这种恐惧投射给外部对象，并将外部对象分裂为"好的"和"坏的"，既要保留感觉上"好的"东西，又要保护自我不受到"坏的"东西所伤害[8]。

随着个体的成长，可以更准确地感知外部世界，可以更好地理解心理现实，能够整合和包容同一个对象中"好的"和"坏的"部分，这个时候，孩子就进入"抑郁心位"。抑郁心位处理的焦虑，是自身破坏性冲动摧毁所爱之物的焦虑。在这里，被强化的是内化过程，即收回此前向外的投射。除了对自身破坏性本能的焦虑外，还有哀痛和内疚。这些感觉产生了修复性幻想活动，以解决抑郁状态下的焦虑[9]。

随着个体的成长，人们会无意识地运用多种防御机制来应对工作和生活所带来的焦虑，使自己免受伤害[2][3][4]。

高手都是长期主义者？
是的，但是……

近期，一篇《高手都是长期主义者》刷爆朋友圈。文中强调，无论是企业管理高手（如贝索斯）、投资高手（如巴菲特）还是文化巨子（如坎贝尔），都是长期主义者，立足长远，放眼未来，才能取得如此辉煌的成就。其中的秘密，正如贝索斯所言："如果你做一件事，把眼光放到未来三年，和你同台竞技的人很多；但如果你的目光能放到未来七年，那么可以和你竞争的人就很少了。因为很少有公司愿意做那么长远的打算。"

与此同时，另一位商业巨子乔布斯的"余生算法"也不断受到追捧。乔布斯强调：余生很短，短到只剩一天的话，我最重要的那件事到底是什么？这样的短期焦点追问，构成乔布斯做决策的核心理念。由此看来，似乎短期焦点也是高手的一大法宝。

其实，"长期导向"和"短期导向"本是跨文化研究专家吉尔特·霍夫施泰德（Geert Hofsted）在研究不同国家文化过程中，专门为说明中西文化差异而设定的维度[10]。根据霍夫施泰德的研究，东方文化在儒家动力的作用下，更倾向于"长期导向"；而相比较而言，西方文化更倾向于"短期导向"。

正如管理控制论中的阿什比定律（Ashby's Law）所指出的那样，只有领导者的复杂度超越所管理任务的复杂度，才能实施有效的领导[11]。"长期主义"固然是高手的标配，但可能真正助力高手成为高手的，恐怕是既有"长期主义"又有"短期焦点"的组合套路。上述提到的一干西方精英，在"短期导向"为主导的国家文化中，又能够关注"长期导向"。正是这样的复杂性，促进了他们成为各自领域中的一代翘楚。

在东方的世界中，不执于一端，而是能把两者统合在一起才能成为真正的高手。心学宗师王阳明在给皇帝上的《陈言边务疏》中，内陈"边务八策"。他指出，人的短处和他的长处是同样的东西："吴起杀妻，忍人也，而称名将；陈平受金，贪夫也，而称谋臣；管仲被囚而建霸，孟明三北而成功。"因此，真正的高手在于能够看到貌似对立的现象背后有其统一性，关键是怎么去用："用人之仁，去其贪；用人之智，去其诈；用人之勇，去其怒。"[12]

克莱因指出，处于儿童期的孩子很难把矛盾的情绪容纳在自己体内，必须通过分裂机制，把这种矛盾性投射到外部的不同客体上，才能缓解自身的心理冲突。当一个人能够对看似矛盾的情绪进行容纳，才是成熟的标志[6][13]。埃里克·埃里克森（Erik Erikson）指出，并不是每一个人都会顺其自然地走到上一个成熟度的阶梯，这需要不断地训练和探索[14]。人的成熟度水平只有发展到一定阶段，才可以理解不同的观点、视角和系统背后是一体的。

所以，能够把长期主义和短期主义整合运用的，大概就是真正的高手吧。

防御机制

　　防御是无意识的心理过程的思考和感觉，其目的是减少焦虑的压力和不同的需求之间的冲突。防御机制是指个体的动态无意识系统对焦虑产生的一组特定的自动反应。因此，就像我们的许多行为一样，防御机制并没有好坏之分。最重要的是，它们对于减少焦虑是有效且必要的[6]。下面介绍几种常见的防御机制。

投射

　　处理迫害性焦虑的第一防御是投射和内摄。**投射**（projection）被定义为将自己的感情全部或部分定位到他人身上的过程。人们所投射的往往是引起焦虑的影响，如仇恨、嫉妒或贪婪[3][6]。投射有时也体现为正向情感，如将能力和优越感投射到他人身上，以避免由此带来的焦虑和压力，维持内在人格的稳定性。

内摄

　　内摄（introjection）是指通过使用自我功能的感知觉、记忆和整合，在心目中构建一个关于另外一个人的形象。如果说投射是自体融入客体的过程，与投射恰好相反，内摄是客体融入自体的过程。当人们看到一个人并记住所看到的，然后对自己的感知觉和记忆进行组织，就形成这个"内心形象"。当内摄作为一种防御时，人们就会变成跟自己脑海中那个人的形象相似的一个人[15]。

　　无论是投射还是内摄，都使得自体与客体之间的边界变得模糊。但这并非病态，只有当这种现象持续成为关系中的阻碍，使沟通与合作变得十分困难时，它才成为问题。

投射性认同

投射性认同（projective identification）通常出现在以下几种情况：（1）在另外一个人身上看到太多自己的性格特征或防御模式，以至于对对方产生巨大的曲解；（2）透过行为或态度，使他人受到激发而产生一些你不喜欢自己身上出现的情感体验；（3）表现得像那个曾经激发你讨厌情感的人一样[15]。这个概念虽然听起来专业性很强，但投射性认同渗透在人类生活的各类关系中，旨在说明人类的心态是如何相互"感染"的。

否认

否认（denial）是大脑不对现实状况进行注意的一种方式。换句话说，人们如果用否认来进行防御，就会看不到现实。否认分为四种类型：（1）本质否认：即使有大量证据证实其存在，也对现实进行否认；（2）行动上的否认：通过象征性的行为表达出"那个令人厌恶的事实并非是真的"；（3）幻想中的否认：坚持错误的信念，来回避去面对通常是令人恐怖的现实；（4）言语上的否认：利用一些特殊的字眼像魔法般地使自己相信现实的虚假性[15]。

否认即是当面对真相和现实时，随即而产生的阻力，以免努力维持的自我形象遭到破坏。若能公开地面对自我的那一部分，需要自我足够的成长和有勇气。

分裂

在众多防御机制当中，分裂（splitting）是生命最初的自我功能和对抗焦虑的防御机制之一。它是指某个特定的人要么是只有爱要么是只有敌意，而不能看到绝大多数人有可能同时具有可爱和可恨的品质。另一种变式是，借由将危险的坏的部分从自我的身上排除掉，帮助自我克服焦虑，从而内摄好的客体，让自己感受到爱。这样在同一个个体身上，不同时间点上，能够呈现出截然不同的状态[15]。

反向形成

反向形成（reactionformation）是指将某件事情转向它的反面。具有某些特征的人，由于反向形成的防御，使得他们过度表现出与其原有特征完全相反的特征[15]。

最容易见到的反向形成式防御就是"口是心非"。人们将敌意、痛苦、愤怒等隐藏起来，而做出过度的爱与善意的友好行为，以避免受到惩罚甚至抛弃，但原有态度仍存在于无意识当中。

置换

置换（displacement）是指，对某个人的一些看法由于某种原因无法向其直接表现出来，但却把它转换到另一个人身上[15]。比如，迁怒他人。 在组织中，销售将对于客户的不满置换到内勤员工身上，对内勤员工进行指责。

象征化

象征化（symbolization）是指赋予心理功能某些特殊的，有时甚至是不合理的含义。例如一个妻子害怕开车过桥，其实是将过桥的动作象征为离开丈夫的愿望，和对于这种敌意抛弃的愿望可能招致惩罚的负罪恐慌[15]。最优秀和最复杂的**象征化**防御方式之一就是我们的语言交流[6]。

压抑

压抑（repression，又译作潜抑）是指人们会把一些无法忍受的东西（如痛苦和不愉快）从意识中排除掉，转移到我们的潜意识中[6]。压抑被认为是一种较为成熟的防御机制。而受到的压抑一旦积累到一定程度，就会通过某种方式表达出来。但这时的表达，往往具有破坏性。

退行

退行（regression）是指个体在精神上退回到比现在更令人满意的或压力更小的早期生活。退行有下述几种形式：（1）力比多退行，表现出幼稚性，以回避自身的攻击性；（2）自我退行，自我的力量和功能停止发挥作用，或回到早期的防御模式，以避免应对压力；（3）现时退行，聚焦于早期生命时光，回避当前的冲突和压力[6]。无论何种退行，它们的共同特征是：退行总是导致坬实检验能力的受损。

认同

认同（identifition）是指个体从其自认为所属的类别中推衍其自我形象的过程。然而，如果认同是由焦虑引发的，它可能作为一种防御机制，结果可能导致灾难。例如，斯德哥尔摩综合征，长时间内被扣为人质的个体，对他们的绑架者给予正面评价，正是这种过程的例子[16]。

升华

弗洛伊德最早提出，人们将本能行动（如饥饿、性欲或攻击）的内驱力，转移到一些自己或社会所接纳的范围时，就是"升华"（sublimation）。它是一种建设性的心理活动，使原来的冲突得到宣泄、焦虑得到消除，同时还能满足个人的成就与价值。

在日常生活中，教师致力于使小学生对音乐、美术、体育等课余活动产生兴趣。这些活动将原始的性幻想和攻击幻想，导入社会接纳的范围，对孩子好处良多[15]。

合理化

合理化（rationalization）是最常见的防御机制，即无意识地操纵我们的观点，为我们所遭遇的局面找到恰当的解释，以逃避不愉快或被禁止的认知[6]。

理想化

理想化（idealization）是指，个体将某人不具备的优点赋予对方，认为对方是最好的，实际上并非如此。产生理想化的原因：（1）减轻因缺陷而产生的羞愧感；（2）以自视过高加上美化地曲解他人对自己的重要性来迷惑他人；（3）将他人看作自己童年时理想化的双亲，从而忘记对父母的失望[6]。对成长而言，理想化是必要的，通过对理想化他人的体验来定位和整合我们自己。

幻想

幻想（fantacy）是指，有意识地想象一个令人忧愁或愉快的情景。它可以帮助我们在思想上为即将到来的困难局面做准备；它可以帮助我们在无法控制的痛苦环境中生存。有时它甚至可以提供治疗。但你也可以用幻想来摆脱痛苦或可怕的现实，这在很大程度上是由你自己控制的[15]。

上述多种防御机制都有助于个体减少焦虑。但对于防御机制的过度依赖，可能引发自我功能的失调，甚至出现病理状况[3][17]。

高潜力低绩效，没有这一款？

最近房地产领域的某 HR 专家分享了企业用人之道，强调相马重于赛马。该专家分析了高潜力高绩效、低潜力低绩效、低潜力高绩效等不同类型的人员特征。该专家说："一个潜力特别好，但绩效特别差的人是不太可能出现的。" Excuse me，没有这一款？ 小伙伴们纷纷表示很失望。

虽然"高潜力低绩效"这一款，在某一个企业可能遇到的机会有限，但整体而言在整个企业界还是较为常见的。OD 老司机们很早之前就对这一款展开了研究。

个体心理因素

从个体层面研究高潜力低绩效现象，最早起源于心理学家对职场女性的绩效研究。研究发现在激烈竞争的职场环境中，具有高潜力的女性由于预期成功会给她们带来负面结果（如不受欢迎、受到排挤、失去女性魅力）而故意压抑自身成就动机，降低自身绩效表现，以避免自身在事业上有成功的机会。沃纳等心理学家从女权主义的角度，对企业环境下如何促进高潜力女性员工充分发挥其能力，取得与其潜在能力相当的高绩效做了深入的研究[18]。

组织动力

此后，组织发展专家通过不断的研究发现，不仅限于高潜力的女性员工，男性高潜力员工也会出现低绩效现象。由此可见，"高潜力低绩效"现象跨性别地存在于组织当中。尤其是当某名员工被识别为高潜人才后，某些情况下其绩效会表现得惨不忍睹。中国读者恐怕对此并不陌生，马谡作为高潜员工被委以重任，却给组织带来灾难性的业绩。企业此前对这一现象关注不足，是因为出现这种现象时，往往归因成潜力的识别出现偏差，从而加强高潜力人才的识别，同时忽视了潜力识别无偏差的情况下，员工的低绩效问题。

《哈佛商业评论》上发表的文章《高潜的魔咒》，揭示了两种心理动力因素导致"高潜人才失败"现象的产生：理想化和认同[19]。组织中的其他成员将这些高潜人才的天赋进行理想化，以对抗组织未来面临的不确定性。进而，这些高潜人才对此表示认同，并将未来的不确定性承担在自己身上。这种理想化与认同的组合在很多工作场所都能够看到。人们赞赏高潜人才并给予期许，但高潜人才感受到人们的期许所带来的压力。如果未来不能像每个人期望的那样光明，唯有这些受到期许的人失败，才符合认知的一致性。

组织政治

随着人们越来越多地用才能来定义他们，高潜人才自身感受到他们自身的未来也危如累卵。他们把视线转移到自己能够做些什么来确保自身在组织中的位置。在他们的心目中，虽然这些期许可能有所夸大，但他们不是简单地自行承担这些期许。他们非常清晰地了解公司的价值观和能力要求并随时调整，维持对他们的赞许。

在那些具有强势文化和快速变化的公司中，高潜的经理感到来自两方面的压力：既要具有创新性同时又要获得当权者的认可。这种固有的张力也容易把高潜经理拉下马。他们对文化和政治线索十分敏感，期待自身能够上位。因此，每一个机会都是一次任务，每个挑战都是一次测试。高潜人才在力争成为一个完美经理的过程中开始束手束脚，而压制自身的每个才能——那些本来使得他们鹤立鸡群的激情和嗜好。因此，高潜人才走向了反面：为了确保自身的职位安全而亦步亦趋。"未来的领导者"成为"优秀的追随者"[20]。

破解之道

为破解高潜力低绩效魔咒，OD 专家对高潜人才提出三个建议[19]：

（1）拥有你的才能—— 而非占有。

对于某些高潜人才而言，一旦有人挑战他的才能，就被视为对他本人的挑战。专家建议，高潜人才要把自身的才能和自身分开，才能在组织中更加游刃有余。

当高潜人才意识到他的角色不是"比"他人产出更多，而是"和"他人一起产出更多的时候，真正的变化就发生了。

（2）把整体的自我带到工作中，而不仅仅是最好的那一面。

人们总是倾向于把经过修饰的闪光的那一面带到工作中来，尤其是面对赞赏自己的人的时候。然而我们最大的才能通常来自伤痛和怪癖，来自自身粗糙的那一面。不要与自身不光鲜的部分作战，而是要学会和它们调频，和平共处。

（3）珍惜当下。

经常问自己："如果真是这样又怎样呢？"如果我当前的工作不是进阶的踏板，而是要在这里干到退休，又怎样呢？高潜人才应当学会投资在当前的工作上，让它变得重要，从而从经验中获得成长。

第 **5** 章
CHAPTER

人 格

人格形成

　　人格是指跨越时间、跨越空间的稳定行为模式。这些行为模式是由隐藏在深处的复杂心理特性所导致的[1]。 人格具有如下特征： 这是一个心理—社会过程。它具有一致性和连续性的特征，且受意识和无意识过程的影响。它对每个人来说都是独一无二的。这是一个动态的过程。就是这样，在环境强加的条件下，个体会产生对其心理有利的行为形式[2]。

　　凯茨·德·弗里斯曾经指出，企业家的共同人格特征包括控制欲强、多疑猜忌、渴望喝彩、"分裂"倾向、寻找替罪羊和用行动逃避[1]。个体的人格是在成长过程中逐渐形成的。埃里克森将人的成长发展分为八个阶段。 ①婴儿前期（0～1.5岁）：基本信任—基本信任缺乏；②婴儿后期（1.5～3岁）：自主性—羞耻与怀疑；③儿童期（3~6岁）：主动性—内疚感；④童年期（6~12岁）：勤奋—自卑；⑤青少期（12~18岁）：认同—角色混乱；⑥成年早期（18~25岁）：亲密—孤独；⑦成年中期（26~65岁）：繁衍—停滞；⑧成年晚期（65岁以上）：自我整合—绝望[2]。在每一个自我发展的阶段上，存在着一对相互辩证的核心。个体在每个发展阶段都会经历这两个核心所代表的不同体验。例如，第一个阶段"基本信任—基本信任缺乏"，覆盖了克莱因"好乳房"与"坏乳房"这一"偏执—分裂"心位。埃里克森认为"信任"与"信任缺乏"的不同体验来源于儿童与养育者互动的成功与失败。因此，儿童在养育过程中经历了不同的体验，形成日后的自我认同，塑造个体的性格。温尼克特认为，抱持的环境为真我和假我体验的形成提供了基础。而抱持的环境，取决于母亲的心理动力特征和性格特点[4]。

海因茨·科胡特（Heinz Kohut）创造了自体客体（selfobject）的概念。自体客体是"被用来服务于自体……或本身被体验为自体的一部分"的客体。他认为，健康的人格是在三种自体客体发展环境中形成的：①自体客体回应并肯定儿童天生的活力、伟大和完美的感受，带着快乐和认可来看待他，支持儿童扩展的心灵状态；②儿童与强有力的他人有密切的联系，儿童可以仰望他，与他融合成为平静且绝对可靠的全能形象；③自体客体坦率面对儿童并与儿童相似，唤起儿童与他们的重要相似性[5]。

双重束缚沟通：
领导者的左右手互搏

1. 上市公司董事的故事

某上市公司的人力资源同人，在开经理会。讨论的话题是"如何裁掉这批员工，让人力成本降低"；讨论得非常专业。参会的公司董事说："问题是企业的发展真的需要如此吗？ 我们办这家企业又是为了什么？"[6]

人力资源经理大谈通过裁员压缩成本，这一现象本身就值得关注。人力资源工作的基本假设就是："人"是企业的资源，而不是把人作为成本，进行折旧清算。人力资源部门大谈裁员来压缩企业成本，其背后的动力可能是人力资源部门的不安全感——他们害怕老板和业务部门说他们只会谈情怀，不懂得经营。他们在努力证明"人力资源懂业务"，"人力资源懂经营","人力资源知道成本效益曲线"。而上述这个故事讽刺的是,当人力资源部门不敢谈情怀,用力过猛地大谈经营的时候,领导(公司董事)反倒开始谈起情怀来了。

2. 服务公司首席执行官的故事

无独有偶,组织动力学家凯茨·德·弗里斯在他的著作《刺猬效应》中,也介绍了一个他观察到的案例[7],和上述上市公司董事的故事如出一辙。这说明这样的情形不仅在中国会发生,在其他国家文化的情景中也在发生。

凯茨·德·弗里斯曾经给一家服务公司经理人委员会进行团队教练。他一再观察到,这家公司的首席执行官总是一边表扬团队成员,一边又在打击他们。例如有一次,首席执行官一面称赞 CFO 小心谨慎,让公司避免了一次严重亏损;一面又痛斥 CFO 缺乏创造力,没能为公司找到更多生财之道。凯茨·德·弗里斯分析道:"尽管 CFO 不像首席执行官那样有商业头脑,但是 CFO 的做法挽救了公司。首席执行官的第一句评价让 CFO 心生感激,CFO 正打算对首席执行官的称赞表示感谢,就被首席执行官的第二句评价弄得僵住了,不知要如何反应、如何做。"看到 CFO 左右为难,首席执行官就问 CFO 觉得他的评价是否正确。CFO 支支吾吾,首席执行官说他不该这么容易灰心、害怕表达自己;他应该放开一些。面对这样的首席执行官,这位 CFO 只能选择沉默,团队其他成员也如履薄冰。

3. 左右手互搏

格里高利·贝特森(Gregory Bateson)提出的著名的"双重束缚沟通"理论(Double bind theory),恰好说明上述两个例子中领导者的模式。贝特森指出,在双重束缚沟通中,意识层面的信息与潜意识层面的信息是相互矛盾的,有声语言与无声语言传达的信息是相互矛盾的[8]。这就如同金庸小说中老顽童的神功"左右手互搏",让与之过招的人左右为难,因为对方怎么反应都是错的。而领导者则处于永远正确的位置。

在中国上市公司的例子中，这位董事代表的企业领导者进行的就是"双重束缚沟通"：下属讲情怀时（"**人力是资源**"），企业领导要求他们讲经营（"**人力资源要懂业务**"）；当下属讲经营时（"**裁员压缩成本**"），企业领导又要求他们讲情怀（"**创办企业又是为了什么**"）。人力资源部门的下属也是无所适从的。

4. 组织动力视角下的个体

按照贝特森的理论，领导者出现"双重束缚沟通"模式，原因不仅在于领导者本人，而且是在于领导者所在家庭的互动模式。在家庭中消极双重束缚沟通的一个经典例子就是，妈妈一面对孩子说"我爱你"，一面厌恶地背过身去（言语与动作是相互矛盾的）。对任何高度互依的关系（如家人之间的关系），双重束缚沟通都可能造成很大的破坏。

因此组织动力专家凯茨·德·弗里斯强调，要想理解一位领导者的不良沟通模式，就必须考察这个人的原始依恋关系。他指出："因为生物进化是对社会关系的严酷考验，所以我们需要了解那些决定人际关系的心理学、进化学和行为学过程，了解它们在群体背景下有何表现，了解它们对个人的情绪管理能力有何影响。原始的依恋关系为日后人际交往方式奠定了基础，决定着群体背景下人际互动的色调。"[7]

凯茨·德·弗里斯认为，双重束缚沟通描述了家庭是如何制造不良沟通反馈回路，让家庭成员陷入恶性循环的。而这些根深蒂固的模式，很多时候会通过潜意识层面，在团队背景下戏剧化地重演。这次受害的不再是家庭成员，而是组织中的团队成员。凯茨·德·弗里斯指出，"这些互动模式也许可以增强团队成员之间的连接，不过是以破坏性的方式"[7]。

因此，领导者个人的养育成长过程十分重要。这一过程塑造了其人格特征，影响其进入组织后的互动模式。

人格缺陷

如果个体在成长过程中，未能得到很好的养育，就会出现人格中的弱点甚至人格障碍。个体带着这些缺陷进入职场，会对团队以及组织造成不良的影响。凯茨·德·弗里斯在《有毒的管理者》一书中介绍了多种具有人格缺陷的管理者[9]。这些管理者虽然存在一定的人格缺陷，可并没有到达精神疾病的严重程度，他们还能够履行正常的工作任务。但这些人格缺陷，也影响这些管理者及其组织正常的工作。

自恋型管理者

自恋型管理者举手投足都魅力四射，他们将自己视为特别的人，认为规则是为他人制定的，自己无须遵守；他们把所接触的人看作自己通向成功的卒子；一旦没有得到想要的，他们就容易发怒。

但他们所散发出来的魅力，其实不过是伪魅力，只是服务于自恋者自我扩张的目的；他们自尊心脆弱，遇到阻力时倾向于通过权力来施压；他们执着于权力、地位、声名、金钱、优势和荣耀。

具有自恋型人格的管理者，在成长过程中努力吸收能够吸收的任何养分，来支持脆弱宏大的幻想，通过美化外表或努力学习来取悦他人。要帮助自恋型管理者，就要帮助他们了解其行为的负面效应，使其逐步建立自信心。

疏离型管理者

疏离型管理者分为恐惧型疏离和不屑型疏离。恐惧型疏离，为了避免被伤害、被拒绝而回避与他人的亲近关系；不屑型疏离，把人际关系看得微不足道，应对冲突和压力的方式是迅速与之保持距离。

疏离型管理者在内心深处无法对他人全然信任或依靠他人，无法或不愿分享自身感受。他们拥有极强的防御系统，深深地压抑自身情感的一面。

具有疏离型人格的管理者，成长过程中亲密相处的需要总是得不到满足，感到不安全、孤立无援、没有价值感。要帮助疏离型管理者，主要是帮助他们提升社交能力，探索其回避亲近关系的心理动力，重建认知和情感连接。

偏执型管理者

凯茨·德·弗里斯称偏执型管理者得了"国王病"。他们总是认为外部世界是残酷的，非敌即友；他们倾向于相信他人的动机可疑，甚至有恶意；他们总是倾向于责备和惩罚他人；他们擅长进行自我应验式预言，不太可能自发寻求帮助。

偏执型管理者处于一种失控的理性当中；他们始终无法超越非善即恶、非黑即白的世界；他们始终无法理解，一个人可以同时激发他人好和坏两种感受。

偏执型人格的形式与遗传、社会环境等多种因素有关。具有偏执型人格的管理者，儿童早期受到心理或情感创伤，感觉自身能力不够，始终保持警惕并随时准备发动攻击。要帮助偏执型管理者，需要和他们保持简单直接的沟通，增强其信任感，降低其疑心。

双极型管理者

双极型管理者情绪两极波动，时而狂躁亢奋，极富活力，开朗健谈，勇于承担风险；时而抑郁低迷，死气沉沉。

他们在情绪高涨时，受到自我膨胀的激发，处于宏大的自我幻想中，高估自身能力，承担超额任务。但情绪低落总是潜藏在其身后。

双极型管理者记事以来就受到情绪波动的问题所影响。他们适合药物与心理相结合的治疗。

心理变态型管理者

凯茨·德·弗里斯将心理变态型管理者称作"诱人的企业霸凌者"。他们伺机捕捉他人情感弱点，善于操控他人，并将此伪装成为公司好。

他们唯一在意的就是要赢。他们使用情感勒索、不实但有说服力的话语、对他人抹黑诋毁、转移问题、粉饰太平等武器。

心理变态型管理者儿童时期反复遭受挫败和幻灭感，完全失去共情反应能力，导致霸凌的行为模式。要帮助心理变态型管理者，主要是收集利益相关方对其的反馈，并让其自己对反馈做出解读，探寻工作和私人生活的快乐。

孤独症管理者

孤独症管理者无法用语言表述感受，过着想象力贫乏的生活。他们思想过度务实，缺乏创造力。

孤独症管理者对外部世界的程序、规则和制度的依赖，正对应着他们内心世界的贫瘠。

在孤独症管理者的成长过程中，养育者与孩子的情感需求脱节，孩子学不会如何根据当下情况选择合适的方式管理自身的情感和情绪。要帮助孤独症管理者，主要是鼓励其用语言描述身体感觉和情绪感受，学会处理情绪，不再畏惧情绪。

消极对抗型管理者

消极对抗型管理者会隐藏自身的愤怒，间接而非直接地表达负面情绪。他们对自身的愤怒和压抑毫无觉察，感觉自己受到了不公平对待，充当了他人无理期望的无辜受害者。

在消极对抗型管理者的成长过程中，诚实直接地表达情绪被严令禁止，从而学会压抑和否认自身的感受，并用其他方式宣泄自身挫败感。要帮助消极对抗型管理者，需要避免陷入与他们的权力斗争中，而在他们试图暗中采取消极对抗手段时，直接指出其意图。

强迫症型管理者

在强迫症型管理者看来，他们的标准是唯一正确的。他们对规则、制度和有序结构有着不屈不挠的执着。强迫症型管理者缺乏一种能使他们与旁人协调一致的游戏性，并且无法读懂社交中微妙的暗示。

成长过程中，养育者的感情表达过度克制、过度控制或过度保护都会对形式强迫症型管理者有影响。要帮助强迫症型管理者，需要让他们多与家人相处，提升处理亲密关系的能力；尝试新事物，容忍正常范围内的混乱和承受适当风险。

从上述分析可以看出，虽然某些个体走上领导岗位，但由于自身的人格发展不够健全，他们会给组织带来负面的影响。最为重要的是，领导者或管理者要对自身的性格有一个足够好的内在人格形象。如果领导者或管理者没有一个足够好的内在人格形象时，当他们觉得自己从根本上是坏的时候，他们会害怕行使权力。如果他们觉得自己有一部分是坏的和卑鄙的，他们会不愿意使用权力，担心因无法控制自己的愤怒而会伤害别人，反过来自己也会受到伤害[10]。

贺涵、唐晶得一可安天下？

"各位，我们一直在为辰星物色一位优秀的副总。 让我没有想到的是，最终我们找到的，是一位不仅优秀而且非常卓越的人才，那就是，唐晶唐小姐。唐小姐的入职，是辰星又一个新的开始。她和贺涵的强强联手，我相信不出两年，我们辰星将在行业内创造奇迹！"这是在电视剧《我的前半生》中辰星董事长在唐晶欢迎会上的致辞。唐晶与贺涵曾经是咨询业界标杆比安缇公司的金童玉女，攻城略地，所向披靡。本来两个人像卧龙、凤雏一样，似乎得一可安天下，但辰星连得两个人之后，反倒搞得状况百出。

唐晶入职没多久，欢迎致辞言犹在耳，就因为草率开除凌玲以及斥责下属引起报复，造成客户信息泄露，酿成巨大危机。而她的导师贺涵，当初空降辰星时也幸运不了多少：下属菲尔不满贺涵上任后厚此薄彼，带着客户资料跳槽到比安缇，搞得贺涵措手不及，自身地位岌岌可危。辰星到底是一家怎样的公司？两大高手身陷泥沼，到底经历了什么？

1. 辰星的魔咒

一方面，辰星呈现出对领导者强烈依赖的特征：组织成员渴望得到德高望重、无所不能的领导者，其主要动力是理想化需要。他们渴望相信领导者做的任何事情都是好的，对不利证据视而不见。其主要情绪是欣喜，他们希望能够和领导者融为一体，受到领导者的庇护使其感到非常安全。业界大咖贺涵加盟辰星之初，公司欣欣鼓舞。唐晶一入职，下属小董隔着两个汇报层级马上过来亲近，希望能够钻入新领导的羽翼之下。

另一方面，组织群体在欣喜之下，还隐藏着抑郁（因为觉得自身能力不足）和嫉妒（嫉妒领导者及其宠儿）。群体中的某些成员期望过高，终有一天会对领导者失望。他们的态度会发生逆转，由理想化变成贬低，甚至发起推翻、更换领导者的行动。小董在唐晶面前邀宠未遂还遭到训斥，便出卖客户信息给竞争对手，以此栽赃唐晶，令其难以立足。在某些情况下，这些理想破灭的成员还会负气出走。剧中，菲尔因嫉妒贺涵加盟辰星后专宠陈俊生，而愤然离职。但他加入新公司，仍然是用依赖型的方式，把客户信息作为投名状向新的领导邀宠。

这就是辰星所呈现出的群体动力，即使贺涵、唐晶两大高手深陷其中，也不易全身而退。

2. 双人舞的幻灭

有什么样的组织，就会吸引什么样的雇员。辰星群体呈现出依赖型文化的特征：假设领导或者组织能够而且应该提供，类似于人生早期父母提供的那种保护和指导。遭受依赖型文化控制的组织群体，总是在寻找强大而富有魅力的领导者来带路——而贺涵，貌似就是那个男神。剧中男一号贺涵无疑是光彩夺目的形象。他有良好的教育背景，进入国际顶级战略咨询公司工作多年，根基深厚，人脉广泛，与客户既能够刀光剑影又能够把酒言欢，可谓业界老司机。但贺涵与唐晶、罗子君的关系，呈现出某些内在特征，而正是这些特征导致贺涵的辰星之旅，最终为了偿还唐晶情债而以怅然离开收场。

凯茨·德·弗里斯指出，为了维持正常社会功能的运转，人们多多少少都有一定程度的自恋倾向[11]。但有些领导者呈现出更为强烈的倾向，影响其工作和生活的正常展开。因此，凯茨·德·弗里斯研究组织中的自恋倾向，并定义了三种自恋型领导者：反应自恋型领导者、自欺自恋型领导者和建设性自恋型领导者。其中，自欺自恋型领导者程度较轻，多半是在成长过程中承担了教养者过多的不切实际的期望，从而未能真正学会修正夸大的自我形象，成年后要去实现那个理想化的父母形象。剧中塑造的贺涵时刻追求高大全的形象，带有"自欺性自恋"的特征，以至于观众不得不感叹"贺涵只应天上有，人间处处是白光"（白光是剧中一名男配角，干啥啥不成，家暴第一名）。

自欺自恋型领导者显得平易近人，但内在有很强的不安全感和被爱的需要。这样的领导者会把某个下属理想化，并且让其依恋上自己，做出权力范围内的一切事情来"绑住"这个下属，按照领导者自己的形象来培养这个下属。早年，唐晶作为实习生进入公司，贺涵是她的导师，立刻俘获了小迷妹的芳心。贺涵也对她指导有加，衷心希望唐晶成为比安缇的"贺涵二号"。

一般情况下，作为回报，这名备受重视的下属会把领导者奉为偶像。因此，自恋型领导者与下属实际上是共谋的关系，仿佛一场双人舞。如果下属表现出个人主观能动性，领导者会把这解释为不忠，对下属的理想化很快变成贬低甚至愤怒。剧中，随着唐晶的逐渐成熟和独立，她不愿意成为"贺涵二号"，而希望只成为她自己。这样，二者的共谋关系就破裂了。因此，两个人在工作中出现了嫌隙，感情生活上也难以完全相信对方。一场持续十年的双人舞幻灭了。而正在此时，罗子君作为职场小白恰到好处地出现了，成为"自恋型领导"贺涵新的追随者。为了培养罗子君，贺涵动用自身的人脉资源为她打开职业通道，甚至不惜做出篡改简历等不符合职业操守的行为。而随着罗子君的成熟和独立，尤其是在 Miss 吴为罗子君提供一片新的天地之后，罗子君彻底走出了与贺涵的共谋，又一场双人舞幻灭了。

《我的前半生》尘埃落定，让我们看到都市白领的情感纠葛，也看到他们安身立命的职场如何波谲云诡，从而帮助我们看到组织系统是如何运作的，潜在的组织动力是如何发挥作用的。而如何与理性工作层面之下的非理性的组织动力打交道，将成为 VUCA 时代领导者面临的新课题。

第 4 章、第 5 章介绍了个体在成长过程中如何形成自身的人格，并发展自身的防御模式，应对外部焦虑的世界。然而另一方面，人是群居的动物。个体在群体和组织的情境中，又会呈现出不同的底层动力。在后续的章节中，我们将探索个体（如团队成员、领导者）在群体和组织中所呈现的心理动力，以及群体和组织的整体动力。

第三部分

群　　体

第 **6** 章
CHAPTER

人际关系与关联性

群　体

从个体的角度来看，群体似乎可以理解为具有各自心理动力的个体的总和。但现实的情况更为复杂。哲学家叔本华在其著作中描述过这样一则寓言：天气变冷的时候，两只刺猬需要靠在一起取暖。靠得太近，就会被对方的刺扎到；离得太远，又会感到冷。刺猬所处的这样一种状态，被称作"刺猬效应"[1]。这样的状态，和一个个体进入群体十分类似。小列奥利·威尔斯（Leory Wells Jr.）指出："个体进入群体当中，一方面害怕被群体所排斥，另一方面又害怕被团队所吞噬。[2]"因此，群体的动力比个体的动力复杂得多。

人们对于群体的认识分为四个层面[3]：第一个层面是"加总"（summation），即在数量上群体是个体人数的总和。第二个层面是人际关系，重点是个人的心理动力与群体框架的互动。其指导原则是，个人的发展只有在社会群体和机构内，才能达到充分的顶点和最终的完善。所以，这个层面，也被称为"圆满"（consumation）的层面。第三个层面是"群体作为一个整体"（group as a whole）。比昂（Bion，1984）指出，个体在群体中的生活充满了纠结：既希望合而为一，又希望特立独行；既有被滋养的满足感，又有被否定的沮丧感[4]。因此，参与群体的过程，常常唤起群体成员婴儿时期对母亲的反应和冲突的体验。从这个层次看待群体，群体被概念化成一个母性的实体，激发成员产生原始的焦虑和退行，成员对群体充满投射和幻想。第四个层面是"系统化的群体间"层面。这个层面的重点是系统及其子系统之间的人际关系与关联性（详见下文）。从这个层次来看待群体，个体被认为是他所代表的群体的表达和象征，子系统是代表整个系统的某个部分的象征。

因此，从组织动力的角度来看，群体是一个整体系统。群体作为群体成员幻想和投射的结果，拥有它自己的生命。群体使用它的成员来服务群体的首要任务。群体成员在任何时候的行为都是他自身需求、历史和行为模式的表达，也是群体需求、历史和行为模式的表达。不论群体正在做什么或是讨论什么，群体总是在讨论它自己，反思它自己[5]。

Group 一词被引入中文世界的过程中，在不同领域有不同的译法。在临床心理学领域，group 多被译作"团体"，如"团体心理治疗"（group therapy）。在工业与组织心理学及管理心理学领域，group 多被翻译为"群体"，如群体极化（group shift）。本书关注动力理论在组织及管理实践中的应用，因此将group 称作"群体"。

人际关系与关联性

群体与单独的个体不同，群体成员之间存在这样或者那样的人际关系。最初，婴儿认为自身和外部世界是合二为一的。直到他/她体验到在"我"之外，还有一个世界存在。随着婴儿的成长，他们开始使用过渡性客体，来认识"我"和"非我"。在这个阶段，婴儿在"共生"与"个体化"这两极之间进行分化，最终落在"个体化"的这一极，导致二元对立的消解和自我概念的形成。一旦婴儿能够体验到与母亲和其他重要客体的分离，这种心理变化就会出现。在大约 7 个月的时候，婴儿变得能够体验自己和母亲都是作为一个完整的人而存在的[6]。婴儿逐步发展出其早期使用的关系模式，然后在他们的一生中使用这些模式来形成关系[7]。

在此基础上，埃里克·米勒（Eric Miller）区分了"人际关系"（relationship）与"关联性"（relatedness）这两个概念[8]。我们在日常工作和生活中，总是要与具体的他人打交道，产生现实的连接，从而形成"人际关系"。因此，"人际关系"是指在自己与他人之间就"发生了什么"达成共识的事实。现实的人际关系是建立在我们有意识地欣赏对方真实的一面的基础上的[6]。我们需要认识到对方也是一个独立的人，他和我们一样，但又截然不同[9]。

然而，无论是"群体"还是"组织"并不是具有客观存在的实体。它们是我们心目中构想出来的。一个特定的群体，是由许多个体共享的一个显性或隐性的结构。（除了在严格的生物学意义上，"个体" 甚至也同样可以被理解为一种构想。）有鉴于此，"关联性"不是作为两个实体（个人和群体）的连接，而是指我们所构想的个体之间、个体与群体、群体与群体、群体与组织之间，以及组织与社区，甚至与更广泛的社会系统之间，相互影响的过程。因此可以说，关联性是他人在我们心目中的表征，是我们与"想象的他人"所产生的联系。

人际关系与关联性之间存在着明显差异。与"人际关系"相反，关联性更注重个体或群体之间内在联系的质量，这种联系是部分或完全无意识的，无法通过清晰的思想和感受而获得。与人际关系中个体明显的接触体验不同，关联性不存在个体真实的接触体验，而是包含相互的投射。这会刺激其他更深层的感受。反过来，关联性也会以强大的方式影响人际关系[8]。

基本心理需求

工业与组织心理学家的研究指出，自主性（autonomy）、能力（compe-

tence）和关联性是激励和指导群体成员行为的三个最基本的心理需求[10]。
（1）自主的需求，是指个体在进行一项活动时感到有意志、体验选择感和心理自由的内在欲望。（2）能力的需求是指，个体在与环境互动中感到有效的内在欲望。它突出表现在探索和操纵环境的倾向，以及从事具有挑战性的任务来测试和扩展一个人的技能。能力满意度使个体能够适应复杂多变的环境，而能力挫败则可能导致个体的无助感和缺乏动力。（3）关联性的需求，是指与他人联系的感觉，以及在自己的群体中有归属感。这与依恋理论强调的假设相一致，即个体具有将自己融入社会矩阵的自然倾向[11]。

关联性的需求有两个主要特征：①人们需要经常与他人互动；②人们需要感知一种联系[12]。后者与组织动力学家提出的，与"想象的他人所产生的联系"这一关联性概念类似。当关联性的需求得到满足时，可以体验到一种与他人亲密和真诚联系的感觉。关联性的需求未被满足，体验到的则是社会排斥感和孤独感。

个体与关联性

个体需要群体来建立他自己的身份，找到存在的意义，并表达自我不同的方面[13]。相应地，群体为了实现自身的集体目标，也需要个体成员——既需要个体为群体的任务作出贡献，也需要个体参与到群体获得并保持自身独特身份的过程中来。但是这个过程经常威胁个体的独立性。因此，处于群体关联性中的个体，需要找到一个既限制他，又定义他的边界[14]。在外部，个体需要他人的存在来定义"我"和"非我"；在内部，个体需要一种过去和现在的界限感。因此，个体在与群体的关联性中呈现出多种形态：

（1）**我（I）**，指的是游离于群体之外的个体。他们是在群体中还没有获得角色地位的人，或者是为了在自己内心寻找榜样/技能而暂时离开这种地位的人。这样的人应该被称为"独行侠"。他们在心目中没有把自己当作群体中的一部分，但他们试图寻找自己，同时也在试图与其他处于类似状态的独行侠建立联系。这与"基本心理需求"一节中提到的关联性需求未被满足，感受到孤独感的状态类似。

（2）**个体成员**（IM，individual member）。在这种形式下，独行侠与其他的独行侠、与群体的整体，建立起联系。这是一个独行侠从没有角色向拥有一个角色移动的转型过程中的状态。

（3）**具有成员身份的个体**（MI，membership individual）。为了在群体的持续动荡和毁灭性的威胁当中求得平衡，个体持续不断地尝试，将自己转型成为群体性生物，即具有群体成员身份的个体。这与"基本心理需求"一节中提到的关联性需求获得满足，感受到归属感的状态类似。

个体在群体生活中总是处于转型的状态，在不同的形态之间移动：从独行侠（I）到个体成员（IM），从个体成员（IM）到具有成员身份的个体（MI），或者从具有成员身份的个体（MI）返回到独行侠（I）。这是一种复杂的经历：一方面，群体可能令身处其中的个体滋养出一种幻想——群体本身是一个令人心满意足的母亲，同时它也是个人身份的破坏者；另一方面，过于强调个体独立性主张又使人容易受到未知来源的剥削和攻击。因此群体又是一个可怕的地方，因为你不知道你的投射正在发生什么，或者它们将从哪里以什么形式回来。所以，个体在群体中的经历是一种被分成多个部分的丰富体验，其形态也在不断的调整过程中[14]。

群体与关联性

上面谈及的是与个体相关的关联性，以及所呈现的多种形态。随着规模的扩大，群体间以及组织间的关联性变得更为复杂。在建立任何群体间关联性的过程中都存在着大量的焦虑[15]。这是因为建立群体间关联性需要划定新的边界。如果新的边界被证明比旧的边界更为强大、更具有吸引力，旧的群体就有可能失去自己的身份和/或权力，这让身处其中的人们在心理上焦虑不已，从而使得所有新的群体间关联性都有可能具有破坏性。因为新的关联性会取代并摧毁旧有令人珍视的、熟悉的关联性。

当两个或更多的群体建立一种联盟（即人际关系）时，结果会形成一个新的组织生物。它是由多方合作伙伴（即子群体）共同参与的，但与任何一方都不同。各个子群体都在创造着不同的关联性。

群体动力

基本假设群体

正如第 2 章所述，当面对焦虑时，群体存在两个层面；一个层面是面向理性任务和绩效的，称为"工作群体"；另一个层面类似于个体的潜意识，受到非理性的情感需求所驱动，称作"基本假设群体"。当工作威胁要压倒群体时，群体会无意识地调动基本假设，并把这些假设固定下来[1]。 工作群体有点像严肃的家长，对工作采取负责任的态度；而基本假设群体有点像贪玩的孩子，想要立即满足他们的欲望——调动防御机制，使得他们免受焦虑的影响。基本假设驱动的群体行为更像是一种群体的退行。群体成员无法承受现实中的焦虑，而退回到人生最初阶段在母亲怀抱中的那种情绪状态[2]。

群体存在着五种基本假设：依赖，配对，战斗或逃跑，合一，自我。

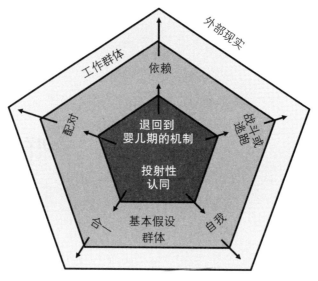

图 7-1　群体过程理论

改编自 Siever et al., 2009 [3]

依　赖

当群体在依赖的基本假设之上工作时，群体指望一个人来满足群体的需要，为不成熟的组织提供安全保障[4]，这位领导者是团队的"拯救者"，无所不知，无所不能。这位领导者有时是指定的，有时是自然生成的。与此同时，群体成员出现退行的状态，表现得好像十分无能和不成熟，难以作出贡献[3]。

如果这位领导者辜负了群体的期望，群体就会拒绝这位领导者，而选择一位新的领导。而这个新领导者，可能是团队中病得最严重的，"彻底的精神病患者"。然而，同样的事情还是会再次发生：罢黜前任，擢拔现任。群体不断在时而相信领导者是"好的"，时而相信领导者是"坏的"；时而相信领导者是"天才"，时而相信领导者是"疯子"，这种两极状态之间来回摇摆。这样的局面，导致团队高度情绪化，甚至会传染给其他群体。

在这种局面下，以依赖作为基本假设的群体有可能分裂成两个子群体：一个子群体会通过操控领导者（一个人，或一个传统，或一套信念），确保群体受到支持而不再经历痛苦的牺牲，从而让这个群体很受欢迎，虽然群体会变得停滞和教条；另一个子群体可能会以不同的行为操控领导者，使得成员变得十分苛刻，以至于没有人愿意加入。这两个子群体的目标是相同的，都是防止现实照进他们的幻想[3]。

以依赖为基本假设的群体，使用的机制是分裂、否认和理想化。个人好的方面，被投射给被选择的领导者，而坏的方面被否定。这位领导者可以被理想化为超人，他的权力是绝对的，他的工作就像魔法一样。

强化"依赖"这一基本假设的典型群体是具有层峰结构的官僚群体。

首席执行官直播带货

新冠肺炎疫情出现之前，随着市场 VUCA 特性的增长，对创新持续不断的需求，组织的去中心化趋势明显。《重新定义管理》[5]《重塑组织》[6]等书的出版，显化了去中心化组织形态的新趋势。这一趋势的特征，如《赋能》[7]和《人人文化》[8]等书所示，在于下沉式赋能，激活组织中的个体。与此相应，组织中的领导者不可避免地从一个英雄时代，进入后英雄时代。

而随着疫情的暴发，在企业复工自救的压力下，首席执行官亲自下场直播，打造大 IP，自觉不自觉地在强化着领导者的英雄角色和魅力影响。当然从底层动力来看，这与疫情当前，人们期待一个强有力的领导者带领自己走出危机的渴望有关。在对抗疫情方面，掌握传染病知识的专家与传统的行政体系相结合，成了对抗疫情的领导者。这一现象在高权力距离文化的国家（如中国），似乎顺理成章。而在低权力距离文化的国家（如美国），呈现了多元的现象，既有对知识权威的接纳，又有对行政权威的对抗。在重振经济方面，凯恩斯主义曾带领美国经济从萧条中蹚出一条路来，强调中心化的"看得见的手"[9]似乎仍然让人念念不忘。

因此，无论从宏观还是微观层面，"去中心化"的趋势似乎不像疫情之前那样势如破竹，也许这也是新"C2C时代"的基础。但另一方面，史黛西对托马斯·彼得斯（Thomas Peters）"魅力型领导者"理论[10]的评论，也能引入一种新思考的视角。史黛西指出："魅力型领导者及其追随者所创造的依赖型文化，可能给组织带来十分不利的影响。研究者很可能注意到'魅力型领导者'的存在，并肤浅地得出结论：这就是成功的原因，尽管它很可能就是即将破坏公司的神经官能症现象。"[11]

首席执行官如何在打造自身大IP的同时，防止依赖型文化的形成，似乎是一个新的课题。

战斗/逃跑

当群体在"战斗/逃跑"的基本假设之上工作时，成员们感受到外在的威胁，使得群体的生存变得至关重要。群体似乎只有两种自我保护模式：战斗或逃跑。群体成员准备好对抗一个共同的敌人。如果没有共同的敌人，群体就会创造出一个共同的敌人。如果外部的敌人过于强大，为了平复焦虑，群体就在内部创造一个敌人。群体期待他们的领导者能够识别危险和敌人，并激励追随者的勇敢精神和自我牺牲精神。

在战斗或逃跑基本假设的群体中，领导是建立在偏执的基础之上的，使用的防御机制是投射和分裂："敌人"正在威胁整个组织，"敌人"是完全邪恶的，必须被攻击和消灭。一旦威胁过去，领导者就会被忽视。他所做的与战斗或逃跑无关的声明都将被忽视。

强化"战斗或逃跑"这一基本假设的典型群体是军事化群体。

组织中的替罪羊

一家英国公司的高级管理团队，面对激烈的竞争和强劲的竞争对手，未能实现组织财务目标。他们无法处理未能达成目标的痛苦，也不能面对不得不做出极其不受欢迎的决定（比如裁员，甚至倒闭）的可能性。他们把失败的感受分离出来，并把这些感受放在一个销售团队当中。他们把所有的失败都归咎于销售团队。因此，销售人员在现实中被视为组织问题的根源，这就成了组织的一个特征[2]。

配　对

当群体在"配对"的基本假设之上工作时，群体表现得好像两个承担精神活动的个体的配对，能够产生一个解决方案来应对挑战，为群体带来新的希望。这两名成员以"一切都会好起来""世界充满希望"的心态，承担各自的角色。群体陷入一种对救世主诞生的希望当中。 这个救世主能够把他们从焦虑和恐惧中解救出来。配对所采用的防御是否认和压抑。

强化"配对"这一基本假设的典型群体是医护群体。

"二人疯"

凯茨·德·弗里斯在《组织的反思》一书中介绍了群体中存在的"二人疯"（Folie à deux, double insanity）现象[12]。二战晚期，德军在很多优势上都已经被遏制住。而希特勒本人不愿意相信这一真相，他把自己关在柏林的地堡里。

戈培尔带领一群老纳粹党员围绕在他身边。希特勒与戈培尔一唱一和，否认即将覆灭的现实。甚至在德国无条件投降前6周，希特勒还去参加一场武器会议，还在讨论未来他们要生产什么样的新型武器。其实这些新型武器可能也只停留在图纸阶段。希特勒和戈培尔不断地幻想着未来的美好画面，展现着希望的蛛丝马迹：罗斯福的去世，所谓"杀伤性射线"的发明都令纳粹的残余分子似乎看到希望的曙光。但一个月之后，纳粹帝国就覆灭了。

合　一

当群体在"合一"的基本假设之上工作时，成员们坚持一个共同的信念，即群体必须是和谐的，个体臣服于群体[1]。群体努力实现凝聚与整合。个体的分离与归属之间的张力，通过否认个体差异来解决。成员寻求加入一个拥有全能力量的强大联盟。这是一种放弃自己的被动参与，但成员能够从中体验生存感、幸福感和完整感[2]。

强化"合一"这一基本假设的典型群体是慈善组织。

公司水杯墙

一个经理人加入一家创业公司。他在互联网上展示了公司的一面墙。这面墙上全是小格子。每个格子上摆放一个公司为员工配备的水杯。每个水杯都是一样的，员工只是通过格子上面贴的名牌识别自己的水杯。在这面墙上，还贴了一幅标语"水杯不回家，我就不回家"。

公司强调加班文化，所有人下班后都要加班。这面水杯墙，实际成了公司的打卡机，哪名员工回家了，水杯就放回这面墙上。因此，哪些员工仍在加班，哪些员工回家了，一看这面墙就一目了然。员工的个性化要求被淹没在公司整齐划一的水杯墙中。

自 我

当群体在"自我"的基本假设之上工作时，成员通过坚持他们的个人独特性来否认他们对彼此和团队的需要[1]。成员否认群体是一个实体，个人被认为是无所不能的。在自我基本假设之上工作的群体，似乎处于婴儿第一次意识到内部和外部现实的发展阶段，成员围绕着对外部变化的恐惧而联系在一起[2]。

强化"自我"这一基本假设的典型群体是行业协会群体。

名车汇

四川成都有一家刚刚成立不久的名车汇，销售团队聘请了 5 名销售顾问。老板给销售顾问的底薪很低，但提成很高，并且制定了很有挑战性的业绩目标。老板十分严格，提出每月进行绩效考核，按季度实行末位淘汰。

头一个月，大家还比较轻松，感觉老板不会动真格的。第一个季度结束后，业绩排名最后的销售顾问虽然完成了业绩指标，但仍被淘汰了。销售人员都感到压力巨大，不但要完成自身的业务目标，还要盯着别人完成的情况，以免成为最后一名。他们开始各自为战，招揽客户到店，并促进成交，甚至出现抢客户的现象。

一开始，业绩提升很快，成交量比之前有大幅提升。但随后，成交量和客户满意度双双下滑。销售顾问仍在各自使出浑身解数，为业绩指标而战。

综上所述，组织动力学者假设：群体是不可避免和普遍存在的；群体动员强大的影响力，对个体产生极为重要的影响；群体可能产生好的结果，也可能产生坏的结果；对群体动力的正确理解，有助于增强群体产生更为理想的结果[3]。比昂确定了群体的三个特征：①一个群体表现出一种独立于个人心理的群体心态，即"群体意志的一致表达，由个人以他不知道的方式促成"；②存在一种群体文化，这种文化是"个人欲望和群体心理之间冲突的产物"；③当一个团队能够调动"基本假设"的情绪，来试图应对另一个基本假设的情绪和现象时，这个团队就像一个复杂的工作团队[4]。

第 **8** 章
CHAPTER

群体要素

组织动力学家对群体的运作过程进行深入的研究，关注了一系列关键要素：BART（边界 boundary、权威 authority、角色 role、任务 task），以及冲突、风险、团队等。

边　界

个体最初对边界的探索，从婴儿时期就开始了。如前所述，最初婴儿认为自身和外部世界是合二为一的。直到他体验到在"我"之外，还有一个"非我"的世界，边界的概念就形成了。皮肤是个体最明显的生理边界。

边界可以分为三种类型：空间的、时间的和心理的[1]。我们对于物理空间的边界较为熟悉。我们的车间、办公室、工位等都是物理的边界。组织结构图也是一种边界的划分，规定了哪些领地是我们的，哪些不是。我们所拥有的资源（人、财、物）也是一种物质空间的边界。对于项目而言，资源耗尽，就触及了项目的边界。与此同时，我们容易忽略时间也是一种边界。在商业环境中，每次会议的时间、每个项目的工期、每个任务的最后期限，也都是边界。

在商业环境中，群体和组织的边界更多是心理上的。这样的边界存在于成员的心目当中，而不是在运营职能上的正式划分[2]。心理的边界包含两个方面。一方面，设置心理边界是人们抑制焦虑的一种方式。另一方面，通过定义边界人们确定了包容什么、排斥什么。成员对边界之内的部分进行认同，形成"我"的概念，从而进行包容；成员对边界之外的部分，形成"非我"的概念，从而进行排斥。组织机构图，虽然在意识层面对各个部门的职责范围有清晰的划分，但在成员的心理上，如果对于哪个部分属于"我们"、哪个部分属于"非我们"有不同的理解，在实践中就会出现边界的模糊[1]。

边界可以被看作一个容器，将任务包容其中。如果容器不够宽广，或者充满空洞，则难以支持任务的执行。但在现代商业环境中，边界变得越来越复杂。为了达成更高的商业目标，涌现出多种新型的商业形式。例如，为了抱团取暖，原本相互竞争的商业实体达成战略联盟；为了节约成本，企业将部分功能外包出去；疫情期间，中国一些企业实践共享用工。这些新型的商业形式，也在不断挑战传统的固化边界。"由一条固定的界限将一个群体或组织与其所处的环境分离"变得越来越不现实[3]。

因此，边界具有双重的特征[4]：一方面通过设定边界来排除"非我"的部分。当我们的内心经验与外部现实不一致时，这个边界就是冲突和紧张产生的地方，人们会专注于差异而非相似之处，将与众不同之处排除在外。另一方面，内部世界和外部经验的边界也是产生学习机会的地方。群体成员试图去理解不熟悉的"非我"信息，接受焦虑的状况，并努力调整。如果我们用细胞壁来比喻边界，那么"渗透性"是边界的重要特征。如果渗透性太强，边界很容易被突破，系统太过开放，群体中的成员缺乏足够的身份认同，无法形成"我们"。如果渗透性太弱，边界过于僵硬，系统太过封闭，群体没有消化焦虑的空间，无法与外部环境进行互动，会变得僵硬。对群体而言，对于边界渗透性的调节是群体学习的一个过程。当系统拥有最佳的渗透性时，既允许内部与外部环境进行交换，同时又保持系统的完整性[5]。

边界是一个不断协商的动态过程。群体的成员通过定义"我"和"非我"的边界来简化两者之间的关系，从而定义各利益方所扮演的或不扮演的角色。而这些角色和身份是动态的，随着外部环境的变化不断被协商和重新定义。因此，边界是个人和他人建立关系、与所在群体和组织建立关系的必要条件。"没有边界就没有关系"[6]。

权　威

权威（authority）是指个体在其责权范围内拥有做任何事情的唯一权利（right）[1]。权威是出于制度目的而授予特定人员或职位的合法权利，"为拥有权力提供了合法的基础，并以此影响他人完成工作任务"[7]。

权威通常容易与权力（power）的概念相混淆。权力本质上是一个人影响另一个人的能力，需要加以行使才能产生效力。权力作为管理者的一种政治手段，其目的是追随和实现组织的首要任务，因此权力具有职能性。权力在众多商业情况下是基于对资源的依赖而形成的，如职位权力、奖惩权力、知识权力、信息权力、机会权力等[1]。权力是关于如何维持和提高地位，以及对他人进行控制的[8]。因此，在大多数情况下，权力期待被服从。权力与依赖性相联系。

随着去中心化的工作环境兴起，"赋能"成为时髦的管理技术。但米勒对此十分谨慎[9]。他认为"赋能"在"变得更强大"（become powerful）和"使得更强大"（make powerful）之间存在着模糊性。"赋能"的概念本质上是一种屈尊俯就的态度——它暗示着依赖——因此，它本身就是一种消极的态度。权力和依赖性是成员在群体和组织中工作的核心问题。

要去除这种对权力的依赖性，群体成员作为个体，需要反思自身与权威的关系，以及如何行使自身的权威。权威的本质在于：权力拥有者能够在多大程度上让被权力所支配的人接受他们行使这项权力。例如在组织中，经理有权力告诉员工如何执行他们的任务，但员工自己决定经理的这个权力在多大程度上被接受。因此，权威描述的是一种人际关系。在这种关系中，群体成员接受另一个人（领导者或管理者）的决定，允许该决定直接影响团队成员的行为。权威本身是一个经过互动而达成的过程[8]。

汉娜·阿伦特（Hannah Arendt）指出，权威的丧失就是世界基础的丧失[10]。每个个体都是从依赖权威人物开始其生活的。个体的成长过程塑造了其与权威相处的模式。而每个个体又会带着这样的模式进入群体和组织。作为群体成员而言，个体面临着一个重要的课题：在群体中如何在依赖的情况下，自信地行使自身的个人权威。个人权威，是指个人根据角色和任务表现管理自己的一种功能[8]。个体固然会受到成长过程中与权威关系模式的影响，但另一方面个体也在逐渐成长。群体成员如何行使自身的个人权威，如何占有止式权力，也是由个体的心理组成，并由社会认同、文化背景以及情绪需要所决定的。

如果个体在成长过程中，体验到父母的控制欲或侵略性，引发个体畏惧、排斥的情感体验，个体就会将这些品质与其创造的权威形象联系在一起[1]。当这个个体长大成人后进入群体，遇到老师、管理者、雇主，将这些权威作为父母一样对待，就会触发其幼年时与父母相处的模式。从管理者的角度看，可能会感受到员工难以相处，不愿合作；并可能会简单地认为这是员工个人性格的原因。但就员工的角度而言，管理者与员工之间的关系可能会唤起员工在成长过程中与权威之间的情感模式。这就是为什么员工在组织中如此艰难。与此同时，个体也在成长过程中不断成熟，能够反思自身与权威相处的固有模式，进一步形成自身行使个人权威的独特模式。

角　色

角色是指个体在特定社会情境和系统中被期望拥有的一系列性格和行为

特征的集合[11]。它包括以下内容：（1）在一个群体或组织中，为追求某些共同努力而具体分配的职责、活动、目标或职能；（2）组织中存在的整体使命和任务体系中的一部分；（3）在伴随组织整体使命和任务系统的不合理或知觉的隐蔽系统中，无意识地、被指派和/或承担的职能；以及（4）在组织的任务和感知系统中，个人如何理解和处理他或她的角色[12]。如果人们充分尊重他们的角色，他们就能够定义任务，配备必要的资源，以便他们能够管理自己来执行任务[9]。如果他们背离了自己的角色，他们就不再能够理解群体之外的世界对他们的要求[13]。

角色可以分为"赋予的角色"和"承担的角色"。"赋予的角色"是指组织期待的，由角色拥有者为之效力的角色影响者所界定的角色。"赋予的角色"通过群体正式的流程，定义职责，达成任务目标。我们在团队中任命的各种基于工作任务的正式角色，都是"赋予的角色"。与此相对应，"承担的角色"是指角色拥有者主观建构和解读，并进行内化的非正式角色。角色拥有者通过行使自身的内在权威，履行相关职责，促进群体工作[14]。

角色还可分为在任务系统中的角色和在感知系统中的角色。任务系统包括结构、程序和技术等方面，它们独立于组织中的个人而存在。任务系统中的角色，既包括有绩效度量和产出预期的"赋予的角色"，也包括个体尽职尽责所履行的"承担的角色"。感知系统是一个组织内的社会、人类过程，由符号、意义、无意识的群体力量，以及组织中基于需求的信念、幻想和识别模式所组成的系统。感知系统的功能是满足成员的情感需求，实现他们的愿望，缓解他们的担忧，提供一种归属感。人们认同并忠实于感知系统，这些系统通常处于意识之外，并且独立于任务系统的需求之外[15]。感知系统中的角色来自对"别人会如何对待他们"的信念和态度所引发的希望和恐惧，并在此基础上塑造与他人的关系，如群体认同感等[12]。

综合上述对于角色的定义，图 8-1 给出了一个四类角色框架。**任务系统中赋予的角色**，是我们在日常工作中为达成绩效所承担的正式角色。**任务系统中承担的角色**，是为了维持群体和组织的运转而履行的非正式角色。例如，马里蒂斯·贝尔宾（Meredith Belbin）提出的团队角色模型[16]：智多星、外交家、审议员、执行者、完成者、咨询专家属于这一类型的角色。**感**

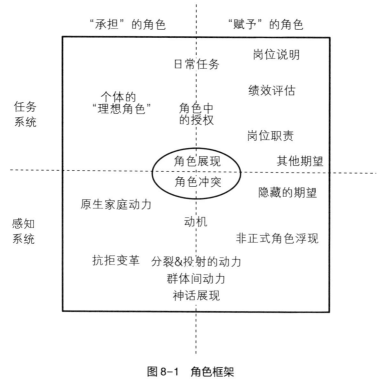

图 8-1 角色框架

改编自 Krantz，Maltz，1997 [12]

知系统中赋予的角色，是指为实现目标，促进群体或组织氛围而承担的非正式角色，如贝尔宾提出的团队角色模型中的协调员、鞭策者、凝聚者等属于这一类角色。**感知系统中承担的角色**，是指被潜意识动力推动，所承担的非正式角色，如诱骗者、沉默的成员、被爱的客体、战斗员、被社会遗弃者、监工、小丑、政客、暴君、病人、抚慰者、保护者、英雄、受害者、替罪羊等[6]。

一方面，群体中的角色是由个体的"效价"特征决定的。所谓效价，是指我们每个个体容易吸引什么或被什么吸引的倾向。尤其是对于投射（如愤怒、恐惧）而言，个体容易吸引什么投射，或被什么投射所吸引的特征。效价在很大程度上揭示了我们为何在群体中会重复地承担某个相似的角色。另一方面，角色也是群体共同作用的结果。例如，领导者是一个特殊的角色，对很多人而言也是一个巨大的挑战。在意识层面领导者是被任命的或被选举的。但在无意识层面，他/她在扮演或被置于一个他/她可能意识到，也可能未意识到的角色。他/她被要求与边界内的其他成员进行无意识的争斗[17]。如果领导者无意识地将组织视为家庭结果的再现，通过移情机制，组织成员会将领导者视为父母；反过来，领导者也会招募组织成员来表演他们的内心戏[18]。

在当前动荡的商业环境下，角色的管理变得越来越困难。首先，很多群体或组织缺乏明确的正式角色框架。其次，群体或组织中即使有正式角色系统原有的角色系统，也已无法满足日益加剧的外部环境变化的要求。群体和组织中常出现正式角色与非正式角色的不断变化。最后，由于新型的管理模式的兴起（如矩阵管理），单一的正式角色中囊括了多重边界、多重角色。如 HRBP 既要对 HR 条线的领导负责，又要对业务单元的领导负责。有时角色之间还存在冲突，这些角色管理中内在的冲突引发群体和组织底层动力的波动。

任　务

一个群体是由被共享的任务连接在一起的个体所组成的。技术、领域和时间是任务的三大基础[19]：（1）技术是指要完成系统所负责的任务，所需的技能、工具和材料。（2）领域是指完成任务的地理或空间位置，也包含责任范围。（3）时间是指系统的工作时间。

当一个团队在完成某项任务时，在意识层面具有明确目标。这一目标被称作工作任务。但在达成目标的实际过程中，成员总是无意识地把团队的生存放在心里。维持团队的生存被称为群体生存任务。尽管生存任务经常被伪装或掩盖，但为了一个群体的生存，生存任务成为所有群体成员的首要关注点和潜在动力[20]。工作任务和生存任务共存，有时生存任务是服务于工作任务并对其表示补充的，但在大多数情况下，生存任务是与工作任务相冲突的。团队成员的这种生存本能是基本假设行为的基础[21]。

劳伦斯也提出近似的概念，将"如果组织要生存，必须完成的任务"定义为"首要任务"[22]。他认为，任务系统的结构和功能通常由组织的首要任务所决定。这里包含两层意思：这个任务必须和群体或组织的使命相符；这个任务是成员来到一起的原因，即群体必须做什么才能维持生存。组织作为一个整体，其中的每个子系统都有一个首要任务。

群体在执行首要任务时，可能会在三个层面同时进行：（1）名义上的首要任务，通常是由高高在上的权威所界定的，成员应该追寻的任务；（2）存在的首要任务，人们相信他们正在从事的任务；（3）现象级的首要任务，人们被催眠一般地从事着，并且可能没有意识到的任务。例如，一家公司的老板要求今年提升利润。作为财务部门，他们名义上的首要任务，即由公司老板制定的首要任务，就是从财务的角度保障公司提升利润。存在的首要任务，即财务部门相信他们正在从事的任务，可能是控制成本：通过审批预算，砍掉各种花费和投资，来实现利润的提升。而现象级的首要任务，即可能没有意识到的任务，也许是在逃避老板的惩罚。

总之，无论是生存任务还是现象级的首要任务，都是群体在潜意识动力推动下去执行的任务。这些动力是组织精神现实的指示器，其特征是员工对企业及其任务的共同幻想。因此，当群体被这一动力所占据，将所有精力都投入生存任务/现象级的首要任务，工作任务/名义上的首要任务很可能被无意识的群体动力所破坏，给群体带来负面影响[7]。例如在上述例子中，如果财务部门为了逃避老板的惩罚（生存任务/现象级的首要任务），而不断地去压缩成本，甚至对未来有明显收益的投资都予以否决（存在的首要任务），最终将影响企业中长期的利润提升（工作任务/名义上的首要任务）。对照老板所设定的目标，财务团队投入所有精力所执行的任务，被称作"反向任务"。

最后，我们要讨论的是进程任务。进程任务的目的是关注生存任务，而不必将其付诸行动。它为群体成员提供了一个观察自身动力的机会，包括依赖、配对、战斗/逃跑、自我和合一行为、竞争和权威问题、人际关系，试图理解个体行为对群体的意义，或群体行为本身。当在进程任务上设置一定的工作时间时，可能会减少断开任务行为的数量，并可能增强首要任务的工作。对进程任务的关注可以在例会结束时发生，也可以是定期的回顾会议，作为团队正在进行的工作的一部分，这取决于团队的规模和共同工作的紧密程度[21]。

首要任务理论主张，通过首先确定其首要任务来了解一个群体或组织。组织动力学家建议关注：这个组织的目的是什么；它是如何组织起来完成这个目标的；是什么无意识的动力，限制或扭曲了它的成员，去做他们工作的能力[23]。这个方法对于组织诊断十分重要。主要有三个原因：（1）通过将我们的注意力集中在组织的工作上，它简化了我们了解组织环境时所面临的困难。（2）首要任务的概念混合了心理学和对工作结构化的观点。人们使用其心理资源来应对任务，而任务本身代表了企业所影响且有限控制的外部现实。（3）首要任务使得机构的实际目标或经营目标具体化。它揭示了人们的实践，而不是他们的信仰[24]。

综上所述，对一个工作群体或一个组织进行 BART 分析，可能有助于防止群体丧失宝贵的资源，从而出现"反向任务"行为，导致生产力下降；更不用说压力、挫折和潜在的人际和团队之间的冲突。这些领域当中的任何问题所产生的后果，都可能阻碍或减缓首要任务的达成，并可能最终破坏组织的利益[21]。

冲　突

组织动力专家认为，工作场所的所有冲突都不可避免，是通过无意识的防御过程（如分裂和投射性认同）而产生的[25]。

冲突的产生源于 8 个月的婴儿对陌生人的焦虑。逐渐地，陌生人"成为社会现实中内在精神上的敌人的原型"[26]。冲突的表现之一，就是面对一个"敌人"。"敌人"通常指的是"不友好或敌对的个体；一个怀有仇恨、希望或试图伤害他人的人"[26]。工作场所的冲突对象，更多时候是假想的敌人，是异己。从心理动力的视角来看，敌人或者敌意是我们内心的反映。人们总是把"敌人"这一角色投射到陌生人身上。陌生人和团队中的领导者一样，都处于"自己"与"异己"的边缘位置，容易成为敌意投射的自然目标[25]。个体在发展的过程中，对陌生人的焦虑逐渐转化为对"他者"（otherness）独立存在的认识。当面对陌生的敌人时，它也为我们定义"现实的自我"提供了必要的条件。换句话说，"如果没有敌人，我们肯定会发明一个"[27]。

当群体的内部处于动荡之中时，焦虑激增，群体受到无意识动力的驱动寻找一个外部的敌人。当外部的敌人产生时，群体内部巨大的张力得以缓解[26]。因此，无论内部还是外部的冲突，都是冲突各方共创的结果。杰克斯分析了处于战争状态的国家[28]。在这里，公民们把自己所有被迫害的焦虑和破坏性的冲动投射到敌人身上。一个真正的敌人，就是一个真正的攻击者，并且也可以被攻击。这样，公民们内心的焦虑就转化为对外部威胁的恐惧。与此同时，公民的敌对和破坏性冲动被投射到他们自己的军队身上，军队内摄后，转向敌人。其结果是，公民通过被社会认可的对敌人的仇恨，免于承担他们无意识仇恨和破坏性冲动的负罪感。他们现在可以有意识地表达这些冲动，对共同的敌人采取被认为是爱国的行为。如果杰克斯的理论是正确的，那么一个以侵略者身份发动战争的国家，应该揭示出一种导致其公民产生强烈的偏执和被害焦虑的内部状况[29]。商业环境中的组织和群体也类似，确立一个外在的敌人，有助于内部张力的缓解。此起彼伏的冲突，也表征了组织和群体内部的焦虑与不安。

然而，我们必须学会把敌意看作跨越内部和外部现实之间、"自我"与"他人"之间、主观的内心世界和客观环境之间的桥梁。在此前介绍的BART模型中，"边界"是一个重要的概念。它包括强度和渗透性、刚性和弹性等概念。在冲突过程中，边界的设立将自我和敌人进行了区分。另一方面，要化解冲突，也需要从边界的渗透和协商入手。巴勒斯坦领导人费萨尔·胡赛尼（Feisal Husseini）表示，敌人分为两种：一种是你可以与之交谈的，另一种是你不可以与之交谈的。与敌人的沟通，是渗透冲突边界的有效途径。沟通提供了一种替代实体上肢体争斗，并将冲突引入了象征性话语层次的途径。我们看到过很多化干戈为玉帛的历史瞬间，都标志着：一个不可以与之交谈的敌人，瞬间转变为一个可以与之交谈的敌人。

能否突破边界与敌人交谈，取决于能否成熟地看待对方。从心理动力学的视角看，敌人可以分为两类：前俄狄浦斯之敌（the preoedipal enemy）和俄狄浦斯之敌（the oedipal enemy）。前俄狄浦斯之敌，被认为是完全坏的、疯狂的、破坏性的。我们与敌人之间的底层动力是分裂、投射和投射性认同，与他们的关系是以完全否定为特征的，经常表现为完全不愿与他或她说话，主观上被视为身体和心理上不可逾越的障碍。另一方面，俄狄浦斯之敌，则是令人矛盾的，但却和我们有着共同的价值观，比如共同的人性、文化遗产或语言。与这种敌人的关系以竞争、恐惧和嫉妒为特征，但也有钦佩和积极的连接，与他们交谈被认为是在心理和社会范围内可能的[26]。

在面对群体冲突时，如果只是任由投射性认同起作用，把敌人看作完全的恶，而把我们放在全然的善的位置上，就会把自己锁定在"偏执—分裂"的位置上，而无法认识自己的其他方面。如果能够将敌人看作独立且复杂的"他者"，就是对敌人作为个人和群体的人性部分——个体性、差异性、可变性作出了认可。只有这样，才能发展出创造性的冲突管理：从把敌人看作"前俄狄浦斯之敌"，转化为将其看作"俄狄浦斯之敌"，可以渗透边界与敌人展开沟通和交谈。

团 队

团队是具有共同目标的特殊群体。团队过程被定义为"成员相互依赖，通过认知、语言和行为活动将输入转化为结果，以组织任务—工作，实现集体目标的行为过程"[30]。团队过程有三个重要方面：任务分析、制定和规划，目标规范，以及战略制定。

1. 任务分析、制定和规划

包括对工作系统任务的解释和评价，确定主要任务以及执行任务所需的实际环境条件和资源。换句话说，它是在更广泛的环境中有目的地定位工作系统和识别成功完成任务所需资源的过程。

2. 目标规范

制定用什么标准来评估"是否实现目标"，这些标准的相对权重如何定，以及如何根据预先设定的标准来检验工作过程。

3. 战略制定

什么样的总体战略和设计最适合实现团队的使命，战略和设计与实现团队使命的相关性如何。

团队行动过程包含四个部分：（1）监控目标的进展，包括跟踪任务和完成任务的进展，解释系统信息。（2）系统监控，监测在不断变化的条件下实现目标和任务所需的资源。（3）团队监控和后援行为，包括协助团队成员执行任务。它采取多种形式：向团队成员提供指导或反馈；从行为上帮助成员完成一项任务或一项活动；帮助团队成员体验如何促进团队中的相互帮助和后援行为。（4）协调，协调团队中互依活动的顺序和时间。

团队过程包含三种人际过程：（1）冲突管理，包含两个活动：先发制人的冲突管理（冲突发生之前创造条件来预防、控制或引导冲突）和重启积极的冲突管理（对团队成员之间的冲突和分歧的积极处理）。（2）动机和信心的建立，指产生和保持一种集体的信心、动机，和与目标及任务完成相关的凝聚力。（3）影响管理，指在工作周期中调节成员的情绪，如社交、压力、沮丧、兴奋和幻灭[30]。在"任务—工作"和"团队—工作"之外，特里斯特指出，团队还有一个潜在任务，就是评估工作体系与变化的环境之间的关联，并从中学习，以便成员能够在关注自身感受和冲突的同时，识别和重新评估机会和约束条件[31]。

团队韧性

韧　性

在材料科学中，韧性表现为在物理压力之下，材料弯曲而不断裂，且能够反弹的能力。在团队中，韧性通常被定义为：一个团队尽管受到干扰，仍能保持可靠绩效的能力。在理想的团队韧性模型中，成员之间通过协调机制，有意识地相互关联，充分利用集体资源，形成集体思维，以应对逆境。然而在现实中，逆境会引发团队的焦虑情绪，引发高度的心理紧张，产生防御、逃离或躲藏的冲动。更为关键的是，焦虑会打乱团队成员之间的关系，从而破坏团队的协调性。因此在逆境之下，团队成员之间的关系受到何种影响，团队又是如何调整其关系模式，决定了团队如何塑造自身的韧性。

组织动力视角，以"关系"为关注焦点，即关注个体和群体的不同部分之间的相互作用，以及它们是如何嵌入更大系统的。这里所说的关系，包含第 6 章所论及的"人际关系"和"关联性"。组织动力的一个关键原则是强调"焦虑"在组织及社会系统中的中心地位。焦虑被理解为管理和变革不可或缺的一部分，团队执行任务的能力很大程度上依赖于团队如何与焦虑相处的能力。团队成员体验到逆境所产生的影响，并会对此产生防御。随着时间的推移，这种防御融入到团队的互动当中，使得团队产生并维持不合理的结构和过程，不可避免地破坏首要任务的完成。因此，通过分析逆境引发的焦虑如何破坏团队的关系模式，从而予以防范，可以从底层塑造团队的韧性。

团队面临逆境时会踏上两条路径：脆化路径和韧性路径。

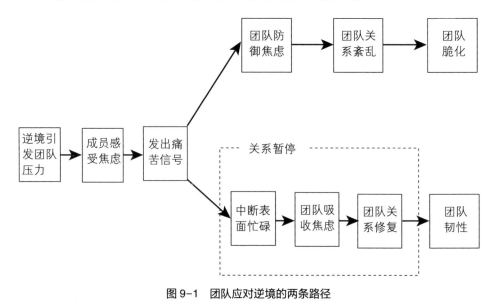

图 9-1　团队应对逆境的两条路径

改编自 Barton，Kahn，2019[1]

团队的脆化路径

当团队成员建立起一套机制，以避开自身所体验到的焦虑时，团队就开始踏上"脆化路径"。为了避免与逆境引发的痛苦和焦虑打交道，个别团队成员会无意识地制定出一套防御机制，使团队成员远离潜在的压力。当个体进行"表演"时，其他团队成员会在一旁观察，通常会共同加入这一幕"即兴剧"。随着个体的防御逐步获得支持和传播，形成了对焦虑的集体防御。

团队使用个体和集体防御机制，不仅会在团队的社会结构中造成断层线，而且会损害成员之间的关系。个体和集体防御机制的核心过程在心理学上被称为"投射性认同"。投射性认同是指个体将自己不受欢迎（通常未被承认）的感觉、态度或特征归因于其他人或群体。结果，团队"制造"出某个特定的成员，具有某些特定的属性、情感或态度，如制造麻烦、鲁莽行动、漠然置之。此外，团队还秘密鼓励这个特定的成员按照符合预期的方式行事。团队的其他成员也积极加强彼此的一致性，以符合自身预期的身份。这些过程使得团队成员之间的关系变得不正常，群体仿佛在一场动态的游戏当中。因此，他们在集体焦虑的情况下，不太可能以有效工作或支持的方式相互思考、感受和行动。

遭遇逆境的团队走上脆化路径，是因为当团队制定防御机制时，会分裂成相互独立的部分，无法代表集体进行工作任务协调。底层的潜意识逻辑是：如果"坏人"离开这个团队，或"好人"来施加影响，由逆境引发的焦虑就会消失。只要成员不自觉地认同这种叙述，他们就会继续把别人看作"坏的"或"好的"，并围绕这些投射来安排自己，创造出一批又一批主角和一批又一批对手。因此，团队就会基于焦虑，而不是依据任务的理性需求而行事。那些本应该通过一起工作来理解和应对逆境的团队成员，就会被隔离在为防御焦虑而形成的断层线上。由此产生的关系模式和结构上的功能紊乱，就会削弱团队成员协调、共享信息、提供支持，以及为促进凝聚力进行思考和行动的能力。因此，这个团队就会变得远远小于其各部分的总和，越来越容易受到逆境的影响。

团队的韧性路径

脆化路径的特点是防御机制，团队受到底层焦虑的驱动，造成防御行为、关系破裂以及无法作为一个群体发挥作用。这一切都是在底层发生的，通常团队对此没有检查和反思。然而，只有当团队成员有意识地暴露并检查焦虑及其对行为的影响时，他们才能够有意识地塑造新的关系模式，使之朝着功能更健全的互动模式发展。因此，"韧性路径"建立在对焦虑的反思之上，以促进团队行使正常的功能。

韧性路径的核心是一个被称为"关系暂停"的社会过程。关系暂停是指作为工作团队集体关注点的一种刻意转移：从成员正在做什么，转移到他们如何相互关联，以便在逆境中积极管理焦虑。关系暂停为团队成员提供了一个机会：通过刻意地揭示、反思和改进团队中的关系模式，他们能够很好地应对逆境及其后果。

反思性工作是许多团队变革过程的核心。和其他反思性工作一样，"关系暂停"开始于刻意的中断，并将团队意识转向团队内部正在发生的事情。"关系暂停"的独特之处在于，将团队的注意力从他们的操作任务转移到他们的关系模式上，特别是，检查他们如何处理潜在的使团队失效的焦虑。当团队成员开始关注其焦虑时，他们就可以开始修复或加强相互之间的关系，最终加强他们作为一个群体整体的能力。

中断的过程

当团队中断正被焦虑所驱动的、忙碌的表面任务，并将意识转移到逆境引发的焦虑时，关系暂停就开始了。

处于逆境时，最先感受到压力和损伤的团队成员会不断发出压力信号。这些信号的形式和清晰度各不相同，从明确承认焦虑情绪上升（例如，"我担心我们在这个项目上的工作方式"），到含蓄或隐秘的情绪交流（例如翻白眼、挖苦、冲出会场）。这些信号代表着成员无意识地试图将焦虑体验从个体转移到群体；其背后无意识的愿望是其他人会加入其中，并将其视为群体层面的关注。

然而，单独的求救信号不能触发关系暂停。相反，群体必须认识到"这些信号是团队健康的重要信息，而不是个别令人头疼的成员的问题"，才能触发关系暂停的过程。例如，团队领导可能会说"等一下，我觉得我们需要看看这里发生了什么"，或者一名团队成员可能会建议"我看出老张对此并不满意。我们能花点时间谈谈吗"。在这样做的过程中，他们呼吁团队努力应对令人不安的情绪现实。此外，在要求暂停的过程中，他们正在努力使团队转向另一种叙述方式，即重点不放在有问题或令人头疼的成员身上，而放在"团队必须直接解决的某些潜在问题，是如何引发焦虑的"这一议题上。这样，团队才能有效地完成既定任务。

消除焦虑

面对逆境，个人可能会被强烈的情绪所控制，情绪脑"绑架"高阶的新皮质层，使清晰、理性的思维和行动变得困难。在脆化路径中，团队底层的动力要求个别成员代表团队承受特定的焦虑，扮演特定的角色（如"刺儿头""冒失鬼""超人"），使得团队变得支离破碎。然而在韧性路径中，团队作为一个整体吸收并涵容这些焦虑，而不是必须让某个特定的成员去承担。团队成员能够创造一个抱持的环境，使得身处其中的团队成员能够容忍和反思自身的焦虑，稀释个人在孤独中承受的痛苦情绪。

团队成员通过参与三种类型的刻意行为来创造抱持的环境：（1）积极关注他人，询问他们的体验并以同情的态度回应；（2）承认他人体验的真实性；（3）帮助他人理解他们的经历。这些行为使人们能够识别、讨论，从而削弱所受到的焦虑的控制。这个过程加强了团队成员之间的联系。那些原本不愿意分享的成员，会得到真正的安慰和支持。焦虑的个体会感觉自己是团队的一部分，而不是被团队排挤在外。此外，焦虑从单纯的个体成员体内转移到作为一个整体的团队当中，成员个人的焦虑感成为团队体验的一部分，最终被这个团队所化解和管理。

当然，韧性路径在实践中可能并非一帆风顺。有时在关系暂停期间，恶劣情绪可能会压倒团队成员甚至整个团队，引发新的防御策略，使团队滑向脆化路径的深渊。因此，创造抱持的环境是通过持续的对话来实现的一个动态过程。即使情绪起伏不断，团队成员仍需要深处其中不断地干预、确认和帮助彼此处理这些情绪。

修复关系

在脆化路径中，团队成员将不受欢迎的感觉、态度或特质投射到他人身上，感到是其他成员不对劲。这使得成员之间的关系变得扭曲。相反，在韧性路径中，团队可以更为明确地承认和讨论焦虑，团队成员更能忍受焦虑和他们自己的反应，他们能够更好地将彼此视为对逆境反应正常且复杂的人。

当团队成员认识到彼此的复杂性时，他们可以开始支持或修复彼此的关系。当他们的经验情绪被化解和处理时，成员们能够更好地退一步思考他们是如何走到这一步的，而不是互相指责。团队成员讨论他们对逆境的反应，是如何在"谁是我们"和"谁是他们"的动力中表现出来的，从而形成了他们对彼此的感知和合作。当成员们讨论逆境如何影响他们的关系模式时，他们可能会更清楚地认识到自己是通过逆境而连接的，而不是被逆境所破坏的。

团队韧性

韧性包含面对逆境，努力克服困难的能力，而不是逃避困难。当团队成员能够看到他们的行为和他们复杂的处境时，团队的韧性就显现出来了。

通过设定一个关系暂停过程，团队成员能够承认他们对逆境的真实想法和感受，使得团队成员有了适当的关系基础，从而能够更好地进行集体的意义创造和问题解决，从支离破碎的团队转变为具有凝聚力的团队。随着这一转变，团队成员之间的协调能力也相应增强。团队成员现在可以共享和解释相关的任务信息，以创造意义，并推动对逆境的有效响应。最终团队修复了关系模式，能够建立并向其成员提供关键资源、社会资本、信任、能量和知识，这些构成了韧性行动的基石。

团队韧性的关键机制

提升团队的韧性需要激发团队成员的动机和意义感[2]，其中三项关键机制是：领导力和权力，敏感性，同理心与关怀能力[1]。

领导力和权力

在逆境中，领导者的重要作用体现在，引导团队成员公开反思他们的团队在混乱中的运作情况。当领导者没有意识到危险信号或缺乏中断任务的权力时，团队可能会陷入任务压力的波涛中，无法重新审视无效的团队关系。类似地，当领导者忙于采取表面忙碌的行动，而不是面对和管理焦虑时，他们会将团队转向防御型管理。

敏感性

如果团队成员之前有过经验，从中他们了解到，不注意关系动力必然会损害团队的工作和健康，那么团队成员较容易在"其使用的防御策略"、"由此产生的关系障碍"，以及"其对团队绩效的影响"之间建立联系。如果缺乏这种敏感性，群体更可能开始走上脆化路径，而不是韧性路径。

同理心与关怀能力

当团队能够将成员的痛苦信号解释为团队问题的症状，而不是个别令人头疼的成员的问题时，关系暂停就开始了。彼此关怀的群体，更容易将痛苦理解为属于整个群体，并引发关系暂停。当群体成员反思他们的关系模式，情绪浮出水面时，需要一个安全、抱持的环境。如果真正的情感表达遇到怀疑、愤怒，甚至只是沉默，成员们都很可能会退却到防御行为模式中，使团队走向脆化路径。

结　语

综上所述，团队的韧性需要团队进行从反应性响应模式到反思性响应模式的刻意转变。当团队成员努力创造抱持的环境，分享他们对逆境的想法和感受时，他们的焦虑会被集体所容忍，而不是防御。他们可以对"发生在他们身上的事情"、"他们的反应"，以及"他们合作的能力意味着什么"，进行集体解释，从而使得团队成员能够充分利用团队的集体资源，应对逆境的压力，进行问题的理解和解决，恢复绩效的达成。

第四部分

组　　　织

组织作为一个系统

组织的三大主题

组织具有三个主题：组织作为意义的系统，作为社会功能的工具，以及作为联系的网络。

组织作为意义的系统

组织动力学假设：组织是在其成员的心目中创建的一个象征性实体，并通过行动表现出来[1][2]。组织成员从他们共同工作的经历中创造意义，并根据创造的意义采取行动。

个人创造的自身与组织相关的意义，既反映了他们对社会现实的经验，也有助于创造社会现实[3][4]。如第 8 章所述，在意识层面，企业组织被看作一个任务系统。这包括了如果它们要生存，就必须执行首要任务，以及人们认为自己正在执行的首要任务等。首要任务需要人们担任角色，为了使其得以执行，企业或任务系统通过其边界将这些角色导入到由这些角色的个人和群体组成的系统当中。基于这样的认识，米勒和肯尼斯·莱斯（Kenneth

Rice）将一群人视为一个开放的系统。在米勒和莱斯模型中，个体是一个开放的系统，每个个体都有自己的边界区域，因此组成了一个群体。这个群体也被认为是一个开放的系统，有一个可渗透的边界区域。由多个群体组成的企业组织，也是一个开放的系统，与其他开放系统中的个人和群体进行交互[5]。

正如第 8 章所述，除了由权威设定的需要追随者执行的首要任务，以及人们认为自己正在执行的首要任务，还存在着人们在无意识的驱动下可能从事的首要任务。后者通常是群体的防御机制。群体共享的无意识幻想是组织系统的一部分。组织文化的一个基本元素就是"关于工作和如何执行工作的无意识假设、态度和信念"[6]。由于组织不能进行"自我理解"或"有想象力的行动"，个体成员需要使用他们的经验来反思组织整体。

组织作为社会功能的工具

这个主题有两个方面需要考虑：组织服务于社会功能和组织本身的功能。

作为一种启发式工具，"首要任务"概念为组织系统提供了目的、社会秩序和结构的框架[7]。米勒和莱斯对生存的关注暗示着，企业没有履行首要任务或内部社会制度管理不善，既威胁着企业的社会秩序，也威胁着企业本身的存在。这表明了组织需要维持一种外部的社会秩序，以满足社会需求（例如，涵容社会焦虑）[5]。

此外，组织动力过程将对企业内部功能产生影响。这意味着，组织中存在着令组织功能失调的动力，使得预先存在的平衡被扰乱。组织动力顾问需要采取"社会工程师"的立场[9]，通过寻找意义和无意识过程的意识化展开工作，将失调的组织状态恢复到健康状态、机能态或平衡态，组织的功能才可以得到改善。在此基础上，杰克斯提出了"必要组织"的概念。通过纵向打通层级组织各职能之间的障碍，改善社会防御对企业产生潜在的负面影响，提升业务净利润，有效地生产有价值的商品和服务，以满足公众需求（详见第 11 章）[8]。

组织是相互联系的网络

这个视角假设：一个组织，是由相关网络中的一系列人际关系和关联性组成的。如前所述，关联性指"我们与只存在于心目中的概念之间的联系"。人际关系和关联性的网络，存在于一个不确定和变化的环境中，对环境的变化作出动态响应。它被描述为一个具有相互依赖功能和部分开放的系统[10][5][11]。这种相互联系，既包括人与人之间联系的社会方面，也包括组织技术方面的联系：组织中的角色、任务、结构化的组织功能、过程和技术系统。将组织视为开放系统和关联网络的观点，是基于组织类似于生物系统的观点。这里基本的假设是，组织与一种生物体存在于宿主环境中的状况是类似的[8]。

此外，如果说前面描述的弗洛伊德心理分析学派及其继任者，所阐释的心理动力学是组织动力理论的一根支柱，那么系统论，尤其是开放系统、复杂系统理论，以及社会技术系统理论，则是组织动力理论的另一根支柱。

组织与开放系统

开放系统理论是基于路德维希·冯·贝塔朗菲（Ludwig von Bertanlanffy）在生物学领域的研究发展起来的[12]。这一理论认为，"所有的系统都是由部件集合或组合而成的，这些部件的关系使它们相互依赖"[13]。在机械系统中，各部件受到高度约束。只是当人们将关注点从机械系统转向有机和社会系统时，系统中各部分之间的相互作用变得更加复杂和多变。在社会系统中，这些联系是松散耦合的。同样重要的是跨越系统边界的物质、能量和信息的流动，这些边界将系统与其环境分离开来。较简单的系统主要传输能量，而高阶系统传输信息。

开放系统理论认为，组织与所有的生命系统一样，有着共同的"开放"特征，既相对独立于外部环境，又不断地与外部环境进行交互活动。像组织这样的开放系统，具有多头接受信息、做出决定、直接行动的特征[13]。个体和子群体时而形成联盟，时而瓦解。边界是不定型、可渗透的，并且不断变化。为了生存，系统必须与环境交换资源。

肯尼斯·博尔丁（Kenneth Boulding）开发了一套分类系统来描述系统的复杂程度[14]：

框架——由静态结构组成的系统（如晶体、原子）

发条装置——具有预先确定运动的简单动力系统（如时钟、太阳系）

控制论系统——能够通过外部规定的目标进行自我调节（如恒温器）

开放系统——通过与环境交换资源进行自我维护（如细胞、河流）

蓝图生长系统——各部分相互依赖和分化，按照蓝图生长（如植物）

内部图像系统——对环境有详细的认识，有自我认知（如动物）

符号处理系统——拥有自我意识，能够创造、吸收、阐释语言符号（如人类）

社会系统——拥有价值观的系统

先验系统——绝对和不可避免的不可知

每一个较高层的系统，都包含它下面的较低层的系统。例如，将组织视为控制系统，我们可以看到政策设置和控制中心的重要性，它们开发了指导组织决策的管理程序。

开放系统还涉及两组主要的系统进程：形态稳定过程和形态发生过程。组织中的形态稳定过程，倾向于通过社会化和控制活动，来保持系统给定的形式。形态发生过程，通常是通过变得更加复杂或分化，而使系统产生改变的过程。开放系统具有 10 项特征[15]：

（1）从环境（资源、人口等）进口能源。

（2）吞吐量（转换它们可用的资源）。

（3）输出（将一些资源导出到环境中）。

（4）系统是事件的循环。

（5）负熵（通过能量/资源的输入）。

（6）信息输入、负反馈和编码过程（保持稳定状态）。

（7）稳定状态和动态内稳态（以及为确保生存而生长的趋势）。

（8）差异化和专业化。

（9）整合与协调。

（10）相等性（通往同一终点的多条路径）。

从开放系统的视角来看，群体是生物或机械系统，其中有一个确定的任务：形成组织和角色。组织和群体是由输入和输出驱动的。团队以任务为中心，组织围绕任务衍生一个系统。组织被嵌套在一个更广泛的系统中，然后根据它们不同的角色进行互动。边界是观察和互动的单元，群体的行为取决于其对"外部"环境的反应和成员"内部"的心理反应。

组织与复杂系统

复杂系统理论认为，世界由简单系统和复杂系统构成。简单系统，只有很少的组件，它们的行为在各个方面都是完全可以理解和预测的。而现实中存在大量的复杂系统，由许多元素或时空场组成。各组成部分相互协作，创造出一个功能完整的整体。

复杂自适应系统关注的是系统与其环境之间的相互作用，以及两者的共同进化。组织的复杂性是对内部或外部环境复杂性的响应。内部环境由构成组织核心业务的过程和技术组成。外部环境包括顾客、市场、供应商、竞争对手和组织必须响应的机构。内外环境的复杂性可以从三个维度来描述：多样性、动态性以及潜在的复杂因果机制。

多样性

复杂的环境需要一个复杂的组织，即控制系统的复杂性必须至少与被控制系统的复杂性一样大[16]。在现实中，组织的环境总是比组织本身更复杂。然而，组织还会通过分化机制来匹配自己的复杂性与环境，如：（1）分化成类似的单元；（2）中心/边缘的分化；（3）正式/非正式的分化；（4）层次分化；（5）功能分化[17]。

动态性

复杂的适应系统中的行为不是由单个实体引发的，而是由系统本身内部代理模块通过同时并行的操作所引发的。因此，系统经历的是一个动态过程。在这个动态过程中，即使没有外部力量强加在系统上，也会有新的结构、模式和属性涌现出来。自组织状态并不像较低层次的组件那样，受集中的、分级的命令和控制中心的控制。自组织通常分布在整个系统中。由此产生的涌现现象似乎有自己的生命，有自己的规则、法则和可能性。换句话说，复杂的适应系统的行为是紧急涌现的，总有意想不到的新事物出现[18]。

复杂因果机制

复杂性理论强调，大多数系统的整体行为是大量事件在长时间内发生的结果，而不是少数"关键事件"的直接结果。复杂系统理论认为所有组织都是相对复杂的。而这种复杂性的产生表明，复杂的行为并不一定是代表单个个体努力的复杂行动的结果；相反，整体的复杂行为，可能是松散耦合的组织成员根据局部信息，以简单的方式行事，所产生的结果。

分形

　　复杂系统的一个例子就是分形理论。伯努瓦·曼德尔布洛特（Benoit Mandelbrot）在美国权威的《科学》杂志上发表了题为《英国的海岸线有多长？ 统计自相似和分形维度》的著名论文[19]。该论文指出，海岸线在形貌上具有自相似，也就是局部形态和整体态的相似。在现实世界中，自相似性的形态广泛存在于自然界中，曼德尔布洛特把这些"部分与整体以某种方式相似的形体"称为分形。 在组织中也有类似的情形。组织的局部，如团队、群体所呈现的状况，也反映了组织整体的状况。在计算机领域，康威定律（Conway's Law）体现了分形理论在组织中的应用。程序员康威指出，一个组织所设计的系统，将会复制设计这个系统的组织所拥有的沟通结构[20]。

　　基于复杂系统理论的视角，组织动力学认为，组织是未知的复杂适应系统。组织的行为方式与他们在时间中的位置，以及社会形式的变化有关，这是内在的空间性。其在这些复杂变量中保持适应或新颖性的能力，与其学习能力（即发展、成长、生存）息息相关。组织是一个整体，组织中的每一个事物都被看作有联系的事物。通过它的存在而导致更广泛的事物的分形，是通过人们经历时间和空间变更，和不同的社会反应来进行调节的，而不是通过直接的因果事件来进行控制的。

第 **11** 章
CHAPTER

社会技术系统

长壁采煤法研究

英国在第二次世界大战中遭到了严重的毁坏，必须对整个工业进行重建。1948 年英国对煤矿工业进行国有化，将越来越多的机械方法引入矿井。这些方法对矿工的行为和矿井的生产力产生了相当大的影响。主要的变化是机械采煤机的使用，需要在很长的煤层工作，形成"长壁"开采的方法。但这种为了改善采矿的流程而引入的新技术，却遭到了矿工们的强烈抵制。

特里斯特等组织动力学家特别针对英国达勒姆煤矿进行了调研。他们花了两年多的时间与工人和矿主进行了深入的讨论，试图发现这种不断变化的技术对社会结构的影响，找出新技术行不通的原因。在引进机械方法之前，两名矿工和一到两名助手形成一个基本的作业单位。这样的组合是矿工自己选择的，并就开采量和工资与管理部门签订了自己的合同。每一个小组都是多技能和多任务的，负责整个操作周期。领导和监督都是在小组内部完成的，他们可以设定自己的目标，并在任何他们希望的时候停止。这些小组和整个煤矿之间没有组织结构，因此形成了一个相互关联的系统来维持社会的平衡。组织动力学家将这种情况描述为每个小组都表现出

"负责任的自主性"[1]。

随着以传送带和采煤机为代表的机械化设备引入采矿作业，工人可以在一个 180~200 码（1 码=0.9144 米）长的采煤工作面开展作业。然而，这些技术变革不可避免地导致了人员组织方式的变化，也影响了他们的工作和人际关系。为了应付这种长壁式作业方法，一种新的组织结构出现了。这是一种由 40~50 人组成的，包括水枪手和副水枪手的轮班小组。由于新技术引发社会和心理问题，这种新的组织结构造成了基本的冲突。这些问题对矿工来说是全新的，违反了他们的传统。长壁采煤法进行三班倒，每个轮班负责一个特定的任务，即切割、撕裂和填充。这就形成了所谓的"时空结构"，即在 24 小时内有 40 个人分散在 200 码以内的地方。这与原来的"单地点"工作法，2 个男人在 10 码的作业面上工作的方法截然不同。

在整个周期中，工作人员要扮演 7 种不同的角色。但只有一名作业面员工接受了培训，而且不太可能改变角色。这也是与单地点作业完全不同之处。在单地点作业时，每个矿工都是一个"完整作业的矿工"，需要具备完成各种任务所需的所有技能。最重要的是，各个任务班组的工人之间从不见面。即使同一班次不同任务班组的工人之间，也几乎不可能实现任何社会融合。因此也就不具备"负责任的自主性"的条件。

第三班发生的事说明了这个问题。他们的具体工作是把煤装上传送带。在这个任务班组中，20 个人每人在 10 码的"限制"内工作，但他们之间几乎没有联系，也没有人与上一个轮班的切煤工人联系，他们完全依赖上一班次的本任务班组员工告诉他们一些基本信息。当时的情况是，20 名不同技能和能力的人，面临着不同条件下相同长度的煤层。"毫无疑问，这些情况导致了相关人群中，身心疾病和类似神经疾病的广泛发作。"[1]

结果，填料员中出现了某些对焦虑的防御行为，阻碍了采煤这一首要任务的整体效率。在原本同意互相帮助的填料员中间出现了一些非正式的群体，他们排斥那些"坏"员工和弱势员工。他们所扮演的角色比以前更加没有安全感。他们争夺最佳工作场所的竞争非常激烈，这妨碍了团队精神的发展。如果发生了危机，填料员会指责上一班次所作出的变动，反之亦然，没有人会承担责任。事实上，这种寻找替罪羊的行为是投射性认同的一个例子，即一个轮班班次将焦虑投射到另一个轮班班次身上，然后攻击他们。从组织动力的角度来看，作为一个群体，这种转变是在战斗/逃跑的基本假设上进行的，其能量被调动在战斗/逃跑行为上，而不是在工作群体中实现有效的输出。

因此，必须对长壁采煤系统进行调整，"以便形成一个社会和技术的整体"[1]。

社会技术系统

企业应当被视为一个开放系统。而随着外部环境变化的不断加剧，传统的由高层设定目标，层层分解的方式，已经不适合动荡的环境。传统的方式代表了"封闭系统的思维、组织的机器论，以及权力的最大化。但在面对更高的复杂性和不确定性时，这一切都是不可行的"[2]。为了应对新的局面，组织需要将他们的注意力关注于系统与其环境之间的边界区域上。为了达到这种状态，企业与外部社会环境中的其他群体之间必须有经常性的商业往来。边界处需要进行管理，以允许在系统内外对这种交易进行规范化。在企业内部，必须有适当的人员和物资组织。同样，无论是积极的还是被动的，财务体系也必须能够对外部市场力量作出反应[3]。

通过对达勒姆煤矿的研究，组织动力学家指出"任何工作场所都包含两个相互依赖的系统，一个技术系统和一个社会系统"[1]，如图 11-1 所示。技术系统是由机器、工具、运输工具等部分组成的。所有这些都分布在一个地理区域内，并通过时间和行动将原料和信息连接在一起。社会系统是由人组成的，但与这个系统相关的不是人的手、脚和肌肉，而是态度、信仰和感觉等。这就是社会技术系统理论（the theory of socio-technical system）。沙因（Schein，1992）对此给出了这样的评价："这是第一次真正地开始将组织看作一个社会系统，而不仅是一个技术系统。"[5]

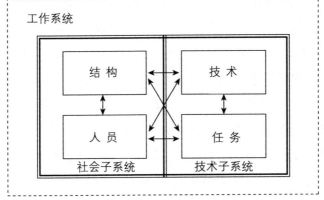

图 11-1　社会技术系统

改编自 Bostrom，1980[4]

　　如第 8 章所述，米勒和莱斯在他们的开创性著作《组织系统》中，从理论上区分了两类子系统——任务系统（task system）和感知系统（sentient system）[6]，与社会技术系统理论平行加以阐述。任务系统是指，将输入转化为输出的过程中所需的所有活动，以及执行活动所需的所有人力和物力，所构成的系统。任务系统与组织的内部转型过程有关。任务系统的结构和功能通常是由组织的首要任务决定的，即"为了生存必须执行的任务"。组织作为一个整体，其中的每个任务子系统都有一个首要任务。感知系统的任务，是将企业成员与其他成员联系起来，并以与任务绩效所需的技能和经验相关的方式与企业联系起来，形成一个"要求并接受其成员的忠诚度"的群体。**感知系统**的功能是满足成员的情感需求，实现他们的愿望，缓解他们的担忧，提供一种归属感。这些系统通常采取群体身份的形式，他们是职业的或专业的群体，或性别、种族，或其他社会群体。人们认同并忠实于感知系统，这些系统通常处于意识之外，并且独立于任务系统的需求之外[7]。

　　但是在现实的商业环境中，组织的技术/任务系统受到了极大的重视，而社会/感知系统常常被忽略。工作制度和组织的设计主要服务于业绩和财务利益最大化，增加了工作制度的压力和临时性。在这种情况下，工作场所只是为了自我参与"首要任务"本身，或任务完成本身：所有可能"摸鱼"的空闲时间（如下午茶/咖啡休息时间、午餐、非正式谈话）都被削减到身体所能承受的极限；所有的欣赏都基于个人的绩效；人们被束缚在个人的工作岗位上。人们把重点放在"可规划性"上（即个人增强自身在劳动力市场吸引力的责任）。自愿的帮助、友谊以及工作中的社交生活都渐渐地消失了。组织动力学家认为，虽然这样的工作场所在短期内符合组织目标达成的需要，但长期来看却侵蚀了工作本身的社会满足感，破坏了工作场所的可持续性，可能会阻碍组织的发展甚至整个社会系统的可持续性。

另一方面，以长壁采煤法研究为基础的社会技术系统理论特别强调了管理职能的本质：除了技术/任务的部分，组织中还包含社会/感知的部分。"工作为人们提供了与社会建立联系的机会，为社会作出贡献，并通过输出商品和服务保持自己作为社会生产成员的观点。"[8]因此，组织系统必须在内部进行平衡，以便对社会和技术系统进行优化，使整个系统能够更为有效地运作。

在实践中，需要创建组织的三种形式：1）控制技术/任务的性能；2）确保组织成员对企业目标的承诺；3）调节技术/任务和社会/感知两种系统之间的关系。如果任务和感知系统的边界重合，也就是说，如果在完成任务的过程中同时能够调动一个群体的身份认同，感知系统将会在追求首要任务上进行大量投入[9]。

然而，完美的重叠是罕见的。技术/任务系统和社会/感知系统之间经常发生冲突，尤其是在变革时期。因此，理解一个组织的功能并实施干预和改善，需要注意边界的划定和跨越。

社会技术系统理论强调关注技术系统与社会系统的边界。以此为基础，提出如下组织设计原则[10]：

（1）以一套行动体系来实现整体功能的**工作系统**是组织设计的核心，而非单个工作任务的集合；

（2）相应地，**工作群体**是组织的核心，而非认领任务的一盘散沙的员工；

（3）组织靠团队从内部对系统进行运作，而非各层级领导从外部对员工进行规范；

（4）**"功能丰富化，而非部门冗余化"**，鼓励多面手型的员工和承担多重职能的工作团队。

（5）组织设计看重工作角色中权宜行事的部分，而非固定预设的部分。

（6）组织设计时应把员工看作机器的补充，而非机器的延伸。

（7）组织设计是为了同时增加个体和组织的多样性，而非在层级体系下降低多样性。

"必要"的组织

现代人力资源理论认为，就业再也不能被看作出卖劳动力换取金钱的简单过程。无论是车间工人还是总经理，他们都是一个个全面的人。员工不仅把自己的技能带到工作中，还把自己的情感需求和各种各样的感受带到工作中，工作和工作环境必须考虑到这一点。当组织做到这一点的时候，个人能够获得许多心理上的好处，这是与任何经济回报截然不同的。然而，经济压力和社会态度，使技术/任务部分成为工作中的主导因素。市场对组织短期绩效的要求，以及个体对高薪工作的渴望，导致许多员工在组织中只使用他们能力的一小部分，而且他们在人性基本需求方面获得的满足很少。无论员工还是"老板"，都受到这种工作制度的压迫，只是方式不同而已。人们对工作的疏离和工作生活质量的恶化，迅速成为大多数工业化国家经济福利的核心问题[3]。

因此，杰克斯写道："制度的设计不限于满足非人的技术效率产出标准，而必须考虑和满足人的本性[11]。"根据杰克斯的观点，随着人类的发展，出现了某些行为特征，这些特征被认为能够提高自我和社会的价值和生存能力。这一观点的核心是"正常"行为涉及并加强了人与人之间的互动。因此，"正常"的特征包括：（a）自我意识和他人的自我意识；（b）沟通和理解他人沟通的能力；（c）与对方合作而关注同一主题的能力；（d）交流社会和经济关系的能力。

杰克斯把这样的组织表述为"必要组织"（requisit organization）[11]。必要组织是一个由任务、角色和责任组成的有结构的社会系统。在这样的组织中，人员的想象力、信任感和工作满意度得以提升，从而提升商务的效率和竞争力。必要组织本质上是开放的系统，员工在其中完成工作，并且在组织及其环境之间进行交互。与此相对应，"非必要组织"（anti-requisit organization）阻碍正常关系的形成，实际上是"偏执狂"型的组织。也就是说，非必要组织产生嫉妒、敌对和焦虑。它们是封闭的系统，阻止了人与他的物质和社会环境之间的相互作用，其结果是社会生活的压缩。

气压计、外卖骑手与社会技术系统

很久很久以前，在一所大学的物理考试中出了这样一个问题：如何利用气压计测量一栋大楼的高度？

有一个学生的答案居然是：带着气压计到大楼顶，在气压计上系上一条绳子，用绳子将气压计垂至地面，测量该段绳子的长度即大楼的高度。老师给了他零分，但这个学生却辩说答案完全正确，应该给满分。最后师生们请一位大师来仲裁。大师提醒该学生：这是物理考试，答案一定要用到某些物理知识。这个学生却说："我知道参考书里的现成标准答案：用气压计测量地面与楼顶的大气压力，然后用这个大气压力差即可计算出大楼的高度。但答案其实有很多个。"紧接着，他说了四五个答案。诸如，晴天时先测量气压计长度，还有它阴影的长度、大楼阴影的长度，然后利用比例就可算出大楼的高度。大师最终给了这个学生满分。据说，那位担任仲裁的大师是1908年诺贝尔物理学奖得主加布里埃尔·李普曼（Gabriel Lippmann），而这名学生就是1922年诺贝尔物理学奖得主、原子模型的缔造者和量子论的创建者尼尔斯·玻尔（Niels Bohr）。其实，玻尔认为最简洁的答案是去敲大楼管理员的门，对他说，只要他告诉你大楼的高度，你就把气压计送给他。

这个故事只是坊间的一则传闻，玻尔的最后一个答案常被当作笑话谈论，但其中涉及了一个重要的管理概念：在现实世界中，技术因素总是和人员因素结合在一起的：有时人员因素能够促进技术问题的解决，有时人员因素干扰技术的实现。技术因素与人员因素之间相互交互的关系，日益受到管理学界的关注。半个世纪之后，英国的组织管理学家特理斯特提出："必须把企业中的社会系统同技术系统结合起来考虑，而管理者的一项主要任务就是要确保这两个系统相互协调。"这就是著名的"社会技术系统"理论。

社会技术系统学派认为，组织既是一个社会系统，又是一个技术系统，并非常强调技术系统的重要性，认为技术系统是组织同环境进行联系的中介。社会技术系统学派主张：为了更好地提高生产效率与管理效果，企业需要对社会系统和技术系统进行有效的协调。当二者之间发生冲突时，就会造成管理上的困境。

近期，外卖公司被推到风口浪尖，其派单平台的算法不断缩短骑手送达的要求时间。骑手被"困在系统中"，甚至不得不违章狂奔才能按要求送达，已造成数起交通悲剧的发生。一时舆论哗然，外卖公司不得不出面公关，增加"8 分钟"的缓冲时间，似乎一切又回归风平浪静。虽然外卖系统平台的送达时间算法在其中扮演了重要的角色，使本次事件沾染了一丝高科技色彩，但是太阳底下没有新鲜事。一百多年前，弗雷德里克·泰勒（Frederick Taylor）就是手里拿着秒表，掐算工人铲煤所需的时间，以此作为计件工资的基础数据。查理·卓别林（Charlie Chaplin）主演的《摩登时代》说的就是这么个事。一百年后，泰勒手中的秒表换成了 AI 算法，外卖骑手如同其他组织中的雇员一样，被"困在系统中"是不争的事实。

弗雷德里克·泰勒，被管理学家描述为一名"强迫性神经症患者"，驱动他的是一种需要——"持续不断地抓住并控制生活中几乎每个方面的需要"[12]。小时候上学穿过村庄时，小弗雷德里克会不断用自己的脚进行试验，以发现如何用最小的能量走最远的距离。泰勒制本质上是通过压抑进行心理防御的机制：将不必要的冲动和想法"压"到潜意识当中。对秩序、控制、改正、服从和职责的过度担忧，可能是童年时期所学及所受压制的直接结果。

当然，管理中强手段与弱手段的使用，与经济发展的大环境有关。在经济萧条时期，管理者对未来的预期不良，管理手段较为强硬，希望通过严格控制确保利润的达成。在经济繁荣时期，管理手段较为宽松，管理者有闲余资本，希望通过创新的孵化获得新的增值机会。因此，外卖公司对骑手采取强控制手段，也从侧面反映了对经济状况的预期。

在中国外卖领域中，供给侧的新技术不是体现在外卖骑手的座骑，如电动单车，而是体现在对外卖骑手的绩效评估指标：由 AI 算法所掌控的送达时间。然而，在工作场所引入新技术，并不是如一加一等于二那么简单。如前面所说，特里斯特等组织动力学家提出，工作是一个"社会技术系统"，既有技术的部分，也有社会的部分（即人的部分），两者不能偏废。技术与人员因素相互协调，才能发挥最大效用。

回顾外卖骑手事件，以 AI 算法制定送达时间的技术在外卖作业中占有核心地位，外卖公司对骑手的绩效管理是围绕这一技术核心来安排的。在这一工作安排中，社会人员的因素是被忽略的。即使增加了后续方案中的 8 分钟缓冲，仍然是以技术为核心的补救方案。对社会人员的因素，如：骑手个人的体力状况、客户对送达时间的期待、社会交通状况的动态性、支持团队如何提供实时的安全指导等，均未进行充分考量。用技术约束人，而非技术与人的结合，是外卖骑手面对的困境所在。

以往，人们囿于对组织认识的局限性，将社会因素与技术因素在组织管理中分立开来。但在学术领域，社会与技术已经不那么泾渭分明，涌现出诸多跨界的大师推动我们对世界的认识：苏联物理学家亚历山大·索尔仁尼琴获得诺贝尔文学奖，法国历史学者路易·德布罗意（Louis de Broglie）获得诺贝尔物理学奖，英国文学学者哈罗德·瓦尔姆斯（Harold E. Varmus）获得诺贝尔生理学或医学奖，美国心理学家赫伯特·西蒙（Herbert Simon）、卡尼曼获得诺贝尔经济学奖。因此，将组织中的社会与技术融合在一起进行思考，令管理者从更深入的层面打开一扇门，思考组织的核心。正如版画家莫里茨·埃舍尔（Maurits Escher）所说："你不可能了解整个人类，如果你不懂得数学与诗意同源。"[13]

结　语

社会技术系统理论突出了一个在大多数组织中从未成功解决的问题，即如何创建和维持一个有效的组织。在这个组织中，工作既可以有效地完成，同时员工也可以展示和发展他的基本人性。在这里，人们可以与他人互动，发展有意义的关系，检验现实，同时为社会做出有价值的贡献[3]。

社会技术系统也为组织管理指出了重要原则：（1）组织是系统性的，价值观与思维模式位于组织设计的核心。（2）组织问题应当在源头得到控制；而问题的源头通常出现在社会部分和技术部分交接之处。（3）组织管理的核心应该是综合地融合对边界、信息流、权力、权威的思考。（4）组织系统应该反映业务、用户及管理者的需求，其本质是一个政治的过程[14]。

组织的社会防御

伦敦医院案例

组织动力学家通过一系列研究指出，在面临压力和焦虑时，组织的工作模式不是为了完成首要任务，而是为心理防御机制服务的[1]。其中一个重要的案例，就是门席斯·丽兹对伦敦一家教学医院的研究[2]。

这家大型教学医院位于英国伦敦，有150名护士维持医院的护理运行，同时需要为500名学生护士提供培训。这些学生护士学制3年，其中有6个月需要在医院的病房和科室进行实习。该医院的护士系统在竭尽全力调和两大需求：对病房和护士而言，需要恰当的学生护士补充到正式的护士队伍当中来，以满足医院接待病患的需求；对学生护士而言，需要不断实践以胜任护士的工作。但高级护士担心学生护士的培训工作将带来严重后果，导致难以为继。因为如果对患者的护理和对学生的培训两者出现冲突，毕竟患者护理的优先级应当排在前面。门席斯·丽兹通过大量访谈和调研了解到，学生护士们表现出紧张和焦虑，请假是普遍现象，有三分之一的学生护士没有完成训练就自己要求退出了。

门席斯·丽兹分析了护士的工作情景并指出，不管医院有多好，护士的工作性质都很可能引起从业者极大的焦虑和其他负面情绪。护士们要做的工作经常是令人害怕和恶心的：亲密接触患者，可能会引起性欲；尽管有爱和关怀的部分，病人仍可能死去。 病人及其家属会对护士产生矛盾的情绪：对于她的关心和照顾表示感激，羡慕她的技能；以及对他们被迫依赖于她，而产生敌意。总而言之，这是一种混乱而又高度情绪化的工作情境[2]。

根据克莱因的理论，早年的态度和经历影响着每一个成年人生活，以及关系中尚未解决的问题。婴儿期经常以一种改良的形式，在承认生活中复活[3]。在面临焦虑和压力时，人们会无意识地把婴儿期的幻想情境投射到工作情境中来控制焦虑，但这只是一种普遍的技巧。而护士工作所面对的是强烈的、被害焦虑的压力，上述这种技巧并不能帮助护士有效地控制焦虑。在工作环境中，护士更多体验到的是婴儿般原始焦虑的力量，而不是一种发展应对焦虑的能力所需的正当必要的机会。这一状况造成护士的严重退行[2]。

门席斯·丽兹进一步研究发现，组织通过其结构、文化和运作模式构造了一整套组织的社会防御系统，这是由组织中每个试图操纵自身心理防御机制的成员共谋的结果。门席斯·丽兹总结了医疗服务领域的多种社会防御技术。例如：

1. 割裂护士与患者之间的关系

病房中大量的患者需要护理，巨大的工作量被分解成任务清单分配给不同的学生护士来执行。每个学生护士被分配到不同的任务，但禁止与某个病患个体进行深入接触。

2. 去人格化

在工作流程、任务清单中存在着大量的去人格化操作。例如，护士提及患者，不使用名字而使用床号、疾病名，甚至病灶器官名（例如，"10 床肾周血肿"）。反过来，护士穿着统一的制服，在患者面前也呈现为具有护理技能的统一角色，而尽量弱化其个人的特征。这样的设置，其目的在于防止护士与患者相互视为活生生的整体的人。

3. 冷漠

受推崇的好护士，是那些可以不断从一间病房转移至另一间病房，从一家医院转移至另一家医院，而不受其情绪感受牵绊的护士。在工作当中，无论是学生护士还是工作人员都害怕关系中引发的情感扰动，她们以否认其情感的方式来应对情绪压力。

4. 仪式化的任务表现

在医院里决策的肯定是生死攸关的事，伴随着巨大的压力和焦虑。每个护士都通过严格的任务清单来学习如何工作。任务清单精确地规定了应该完成哪些任务、如何完成、需要花费多少时间等。这些任务是提前规划的标准流程，其中有些任务是不具备护理技能也能完成的。人们反复被灌输的态度是，每一项任务都是关乎生命的大事，因此对待死亡要有适当的严肃性。其结果就是，学生护士被积极劝阻不要使用她们的自由决定权和主动性，而是仪式化地执行每项任务，且不能根据轻重缓急对急救等特殊情形进行灵活处理。

5. 通过检查与复查来撇清责任

护士们尽量减少其个人责任所引发的焦虑。在决策过程中，他们尽可能地拖延自身应作出的决定。如果有可能，他们会引入其他护士参与决策，不断地检查、复查。

6. 责任心再分布的社会共谋

每个护士都经历着强烈的内心冲突：一方面，工作要求她要承担责任；另一方面，她又希望通过不承担责任的行为，来使自己免除这种沉重而持续的负担。通过否认、分裂以及投射的过程，将个人内部的纠结转化为外在的人际冲突，使得上述的内在冲突能够部分地得以避免。这个过程是这样完成的：想摆脱责任的冲动使得护士自身的严厉和苛刻的一面被分裂，并投射到上级的身上。上级不负所望，对下属进行严厉的惩罚。这一系列过程就造成护理人员习惯性地声称其他护士粗心大意、不负责任，需要持续的监督和纪律。这一过程清晰地说明了，基于个体寻求从内在焦虑中解脱而形成的社会防御系统，是如何部分地塑造了医院的文化和运作。

7. 有意模糊正式责任的分布

虽然学生护士们有一个任务清单规定了自己要做什么，但在实践中，由于角色复杂，病房中的责任不只是落实到每一个护士身上，学生护士也可能在一天中被给予两个不同的任务清单。

8. 反向授权

在医院中，责任被不断授权给组织层级的上一层。例如，对于清晰定义的任务，基层学生护士可以在高级护士的关照下高效地完成。但遇到新的任务时，学生护士将自身的不胜任感投射给高级护士，由她们来承担任务和替自己做决定。高级护士和护士长似乎也认同了这种投射，为了安抚自身的不胜任感所引发的焦虑，她们对已经经过多年训练的学生护士仍进行反复筛选，就好像这些学生护士毫无技能一样，并有把下属的责任扛在自己肩上的倾向。

9. 理想化

护理工作面临一个困境：医院的业务压力非常大，而院方应对焦虑的方式就是对护士的招聘和选拔工作进行理想化。一方面，希望通过招聘选拔出责任心强的成熟学生护士；另一方面，又希望这些高水平的学生护士能够安于低技能要求的常规护理工作。

10. 回避变革

组织系统所产生的变化会被组织的社会防御系统所瓦解。例如，医疗技术的发展加快了患者在医院的周转。 这似乎预示着，为了维持工作量，病房需要变革以增加在同一病房护理多种疾病患者的灵活度。但这种变革最终没有发生。实际上，这种灵活度增加的需求，与此前描述的严格的护理流程相悖。因此，工作量的波动，并不是以增加病房护理的灵活度来处理的，而是以进一步增加指令、执行更为严格的流程，以及重复过去熟悉的一切来应对的。最终，接诊量不能增加，也就不需要变革了。

然而，社会防御系统不仅不能缓解首要焦虑，反而会导致继发性焦虑。例如，固定的任务执行程序使护士不可能调整不同的工作负荷，这导致了护士对即将到来的危机产生持续的恐惧。护士从一个岗位到另一个岗位的不断轮岗，被门席斯·丽兹视为一种"反抗个人亲密关系"的防御，引起了对新的情况和未知的要求的焦虑。

门席斯·丽兹认为，虽然医院社会防御体系的发展原本是由每个人的需求组合而成的，但很快就被固定下来了。由于护理行业不愿改变，每个新的学生护士都只能被迫改变自己来接受已经形成的规范。她无法把自己的心理防御投射到社会体系中，对其有所贡献或进行修改，而是被迫把防御系统进行内摄，这导致了新的学生护士都经历着相当程度的病态焦虑。门席斯·丽兹的结论非常悲观：医疗系统不仅没有发展护士识别和处理焦虑的能力，甚至在某些情况下，它还迫使个体退回到一个与加入医院之前相比更低等级的成熟度水平[2]。

防御机制

如前面章节所介绍的，人们在寻求发现和理解这个世界的过程中，经常会面对压力和焦虑。根据精神分析理论，人们通过发展和使用防御机制来应对这种焦虑，并保持心理平衡。

如第 4 章所介绍的，人们会把无法接受的感觉和想法从意识中推到潜意识中（压抑），或者恢复到不太成熟的行为水平，比如生气（退行）。一旦焦虑程度增加，我们就会否认冲突的某些方面（否认），或者把它们完全分开（分裂）。通过分裂，我们避免了一件事物在同一时间同时有好有坏的张力。我们把好的部分分离出来，把坏的部分投射到另一个物体上（投射）[4]。上面提及的防御机制是一系列无意识的心理过程，其目的是减少焦虑的压力和不同的需求之间的冲突。就像我们的许多行为一样，防御机制并没有好坏之分。最重要的是，它们对于减少焦虑是有用和必要的[5]。

综上所述，防御机制的主要作用是保护个体免受焦虑、内疚、怀疑和不确定体验等的影响，对于保护自我和生命本能是十分必要的。

组织防御

阿吉里斯指出，人类通常持有两种理论：一种是信奉理论，包含信仰、价值观和人生态度；另一种是实用理论，也就是人们在实际行动中使用的理论。人们运用"I 型实用理论"，强调以下价值观来激发防御惯例和防御推理：（1）单边控制，（2）只赢不输，（3）避免表达负面情绪，（4）通过防御推理进行理性行为。人们通常无意识地熟练运用这些"I 型实用理论"，在组织中玩弄各种花样，最终产生误解、错误升级、自我实现的预言、自我封闭等适得其反的效果，造成组织的困境。因此，阿吉里斯称它们为"熟练的无能"[6]。

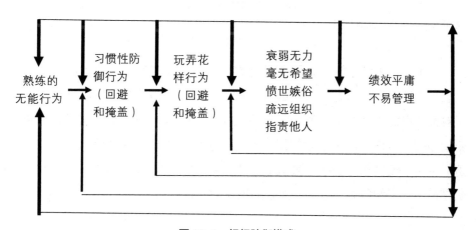

图 12-1　组织防御模式

（引自阿吉里斯，2007）[6]

要降低组织的防御，阿吉里斯强调要运用"II 型实用理论"，其主导价值观是有效的信息、有依据的取舍，以及监督决策实施状况的责任。在运用 II 型实用理论时，伴随的是富有成果的推理过程，即人们竭力使自己的前提条件和推理过程清晰明确，形成可公开检验的结论。学习"II 型实用理论"意味着一个人要学会应对更高层次的张力，因为它有积极的回报，而且这种张力不会导致恐慌或混乱。如果组织中的成员同时使用 I 型与 II 型实用理论，组织就会形成一个双环学习的模式[6]。如图 12-2 所示，双环学习系统（阿吉里斯，2007）包括两个循环：一个是设定组织目标，并通过内部反馈监督实现目标的进展；另一个是根据外部反馈改变组织目标，这使得组织能够适应环境的变化。

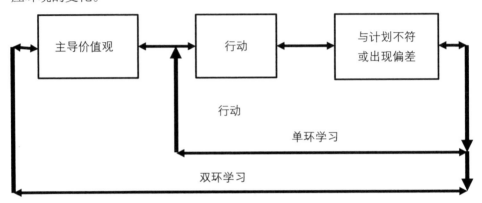

图 12-2　双环学习模型

（引自阿吉里斯，2007[6]）

　　但组织动力学家认为，阿吉里斯的组织防御理论很难被视为心理动力意义上的真正防御，因为其似乎更多地基于生存而不是逃避。其防御策略是为了对最初有意识地体验到的紧张产生反应，而防御机制则不是这样。如果防御策略在无意识的情况下起作用，行为人很可能否认这些策略。此外，一旦防御策略、惯例和防御推理被装载，它们往往会嵌入到标准程序中，或者隐藏在员工做事情的方式当中，而它们被认为是理所当然的[7]。

社会防御系统

　　门席斯·丽兹等人的研究揭示了实际任务表现引发的对偏执和抑郁焦虑

的情绪反应，是如何在工作组织中被系统化，从而形成社会防御的。组织动力学家认为，"社会防御"是一系列程序、流程、结构措施、组织工作和/或分配职责的方式。社会防御的目的是缓解与工作相关的紧张情绪，这种紧张情绪也可能会/也可能不会引发一些原始的焦虑[8]。经典的精神分析工作表明，个体会使用一系列策略来抑制令人不安的想法和影响，并将其排除在意识之外，以与现实接触为代价来重获安全感。而社会防御具有集体的特征，会加强人们的个人防御机制，保护人们免受令人不安的想法和感受的影响[9]。

　　组织动力学家观察到，组织中焦虑的来源是无法被有意识地控制的[10]。组织无意识地通过将防御功能进行制度化，形成一个社会系统的功能来保护组织成员不受机构内焦虑体验的影响，这就是组织的社会防御系统。因此，社会防御系统是组织成员之间互动，并无意识地达成一致的结果。它们是个体将其特有的心理防御机制具体化并在客观现实中赋予实体的一种尝试[5]。反过来，一旦这些社会防御成了组织工作的程序或方法，它们就会对组织的各个成员也造成深远的影响。它们会成为组织中惯常思维方式的一部分，成为制度化地管理焦虑的方法。因为个体总是倾向于去适应所属的组织，所以新成员也将无意识地采用这些方式应对工作和自身焦虑。但这样的社会防御体系同时也在损害组织行使其正常功能。因为它们使成员在消除了紧张的根源之后，依然按照这套体系行事。人们甚至不明白这一系列司空见惯的措施为什么会出现在组织中[8]。

　　拉里·赫什霍恩（Larry Hirschhorn）归纳了组织通常具有的三种社会防御形式：基本假设群体、隐秘联盟和组织仪式[11]。

基本假设群体

　　正如第 7 章中指出的那样，群体同时存在于两个层面上：工作群体是面向理性任务绩效的；"基本假设群体"则类似于一个人的潜意识，是面向情感需求和焦虑的。群体或组织在面临焦虑时，会将五种基本假设之一作为底层动力来防御焦虑："依赖"——该群体或组织只需要等待一位维持领袖；"战或逃"——该群体或组织只需要攻击或逃离某种危险的对象;"配对"——该群体或组织只需要参与创造一对个体,繁殖救世主拯救世界的想法;"合一"——该群体或组织只需要幻想一个统一的身份;"自我"——该群体或组织的成员只需要各自为战。

隐秘联盟

组织中隐秘的联盟是一种更持久的关系。它经常与家庭生活相呼应:工作引发的焦虑被引导到一个熟悉的家庭框架中,以减少焦虑。

例如,人们通常会将自身对父母的情感体验移情到领导者身上;领导者在某种程度上也会将其追随者想象成为他/她的孩子。在这种情况之下,领导者与其追随者就会无意识地按照"父(母)与子(女)"的双人舞式脚本来演绎两者在工作场所的关系,从而涵容工作所引发的焦虑。下属之间也可能按照手足之间的脚本,演绎其在工作场所的关系。 他们制定的角色体系经常会引发一些冲突,而这样的冲突至少是他们在家庭生活中早已司空见惯的。他们会利用这些冲突来捍卫或保护各自的利益,仿佛在上演一出家庭大戏。

组织仪式

组织仪式是组织的社会防御系统最持久和最外化的形式。它表现在程序和实践中,这些程序和实践似乎有自己的目的,以此帮助团队成员消除他们与工作的关系。官僚机构的一个特征就是通过仪式系统满足人们对于控制的需要,以防御不确定性引发的焦虑和恐惧[12]。门席斯·丽兹关于伦敦医院的研究揭示了大量的组织仪式对组织中焦虑的防御作用。

杰克斯假设人们加入组织的一个原因是组织的结构和规范支持个体对抑郁和偏执焦虑的防御。 克莱因(Klein,1975)认为这是我们存在的核心。只有当组织结构不能充分支持人们的工作时,社会防御才会出现。社会防御是必要的,因为工作本身或其组织引发了焦虑[13]。社会防御允许个人以一种可容忍和合法化的方式组织他们的经验,帮助人们有意识地回避"我感觉如何"的问题,同时帮助他们解决"我是谁"的问题[8]。在这种情况下,社会防御帮助组织充当身份的工作空间 ——为个人的身份工作提供"抱持的环境"[15],以确定身份或改变身份。

社会防御与组织运营

在任何情况下,面对未知和不确定的未来,都会令人产生焦虑[3]。在组织管理的过程中,变革不可避免地涉及损失和哀悼[16],从而在组织中引起愤怒和沮丧的反应[17]。对于变革,组织中常见的防御机制包括:(1)压制(排除不愉快的经历),(2)退行(求助于以前感觉安全的行为),(3)投射,(4)反向形成(过度表现与威胁相反的感受)和(5)否认[5]。

正如门席斯·丽兹在其伦敦教学医院的研究中所揭示的那样,当环境变化引发焦虑的时候,组织会发展出社会防御系统阻碍变化的发生。杰克斯用轮船的组织管理比喻来说明这一问题。船员对船长在海上的管理有矛盾的感觉,尤其是由于对船长的极端依赖而引起极大的焦虑。因此,水手会在不知不觉中建立并维持集体防御体系,从而保护他们免受与船长关系的痛苦干扰[13]。

从社会防御视角回看组织中的个体

杰克斯认为,同样的防御机制也适用于组织中的个体。这些个体将他们坏的内在客体和冲动投射到组织的成员身上,这些成员通过无意识的选择,将这些坏的内在客体和冲动内摄,并予以吸收,就形成"敌人"。这就是群体寻找替罪羊的过程。杰克斯仍然用轮船的组织管理作为例子来揭示这一过程。对于轮船上的船员而言，大家一致认为大副是船上大多数问题的根源，包括那些不该由他正式负责的事情。其他船员把他们内心坏的东西和冲动投射到大副身上，这让他们从内心的迫害者那里获得无意识的解脱。与此同时，这也使船长成了一个很好的保护神[13]。

加班的名义：识别"996"的底层动力

所谓"996"，是指每天工作时间从早 9 点至晚 9 点，每周工作 6 天。这是国内很多创业公司提倡的工作负荷。有人指出这种作息制度即使在硅谷也不是主流。此后，众多企业大佬发表对于"996"的看法。其中马云的"996 福报论"引起网络哗然。随后马云发文再次澄清他的观点，《人民日报》也发文称"崇尚奋斗，但不强制"。

在管理心理学领域，研究者对于以"996"为代表的"长时工作"和"过度工作"的企业文化，及其对工作场所的影响进行了持续数十年的研究。虽然学术界的大量研究表明，长时工作会带来组织成员甚至企业家本人的身心疾患，并且影响工作绩效，但在企业实践中对于"加班"文化的塑造却愈演愈烈。是什么原因造成这种文化长盛不衰呢？

根据传统的劳动经济学视角，固然可以从劳动力的供给与需求的"理性人"角度对形成"长时工作"文化的因素进行解释，但作为组织发展从业者，我们更关注产生"长时工作"文化的底层动力是什么。只有识别这些底层的动力，才有助于我们更加全面地讨论"996"现象，并作出进一步的选择和优化。

供给侧：个体的长时工作动力

个体除了出于对自身收益的理性考量愿意提供长时工作以外，也存在底层动力驱动组织中的个体长时工作。

在工作场所中存在三种长时工作的情形：成就导向型、完美主义型、强迫—依赖型[18]。（1）成就导向型是指追求成就、成功和完成各种有难度的挑战。他们受到竞争的刺激，关注长远目标，能够延迟短期满足。（2）完美主义型是指为了产出可以排斥休闲和友谊的工作者。他们需要使用精神和人际关系控制环境，他们关注细节和规则制定，使得工作在轨道上。（3）强迫—依赖型是指由于害怕受到批评或在同侪竞争中落败而十分努力工作，即使社会和身体健康已出现问题，仍无法控制自身停止工作。

有鉴于此，根据组织成员在过度工作中的投入程度、压力驱动感和工作享受感等三个方面，可以区分出三种类型的长时工作者：工作激情者（WEs），具有低压力驱动感和高工作享受感；激情沉溺者（EAs），具有高压力驱动感和高工作享受感；工作沉溺者（WAs），具有高压力驱动感和低工作享受感[19]。

工作激情者

马云在其微博上澄清他赞赏奋斗者的辛勤工作，并声称自己是12×12（每年工作 12 个月，每天工作 12 小时）。马云也许属于工作激情者，但这只是愿意长时工作的工作者中一种较为理想的类型。实践中，愿意长时工作的还有其他两种不那么理想的类型。

工作沉溺者

工作沉溺者比其他两种长时工作者感到更高的工作压力，表现出更强的完美主义倾向，更难以给下属授权。甚至，工作沉溺者更倾向于不计代价地努力超越他人[20]。

而当研究者探究工作沉溺者的心理底层时，发现他们与其他类型的长时工作者相比呈现出更低的自我价值感和安全感，更急于证明自己。研究者描绘了工作沉溺型经理人的常规套路：某人的敏感性（包括感到智力水平不足，害怕暴露弱点，不愿依赖他人，害怕受到批评）被激发，影响（或扭曲）某人对其环境的资源和需求的认知。这种受到威胁的感觉经过沉淀，反过来促进强迫性过度行动——引起极端的长时工作，努力证明自己，对他人的表现缺乏耐心，过度控制，缺乏授权，进行事无巨细的管理[21]。

激情沉溺者

激情沉溺者更多地是呈现出高功能焦虑的特性[22]。表面上看是一幅成功的画面，他们每天早来晚走，从不把任务拖过最后期限，时刻准备好有求必应，工作日程安排得饱满而繁忙。但在他们的心理底层，与持续搅动的焦虑在战斗。焦虑可能来自紧张的能量，对失败的害怕，害怕让那些驱动其成功的人失望。他们虽然可能需要一天休整，但害怕请病假。没有人相信他们会出状况，因为他们总是表现出一副"我没问题"的状态。激情沉溺者属于纠结的成功者。

需求侧："长时工作"文化的组织动力

企业被伟大的梦想驱动，急于去创造组织的未来，实现组织的愿景使命。全体成员为这一使命感染，夜以继日地工作，需要形成长时工作的组织文化。这是很多创业公司理想的情形。但是，这只是众多长时工作组织的一部分，还有一些原因促使组织创建长时工作的文化。

首先，组织中的关键角色会影响组织塑造长时工作的文化。具有工作沉溺特征的首席执行官，如果获得高管团队其他领导者的认同，会影响组织形成集体投入的文化[23]。其次，在某些情形下，组织要求其成员长时工作以对抗外部激烈的竞争[24]。在这种情形下，组织是在通过长时工作来防御集体的焦虑。这个过程是通过将事物分成"好的"和"坏的"这样的分裂机制来完成的。焦虑的管理者把"好的"内摄给自己，从而认为自己拥有全能的力量；将"坏的"部分投射给他人，通过强迫组织成员从事额外的工作、设定紧张的时间节点、设定正常时长不可能完成的任务，来惩罚他们。

另一方面，在这种强调外部竞争的氛围下，组织成员形成"战或逃"的基本假设来防御焦虑。组织成员将所有的问题归结为外部的敌人

（竞争者）。为了与外部竞争者进行战斗，组织成员更愿意接受公司将这种付出额外努力的工作行为制度化，固定下来，从而形成长时工作的文化。

结语

通过上述分析可以看到，一方面企业中有工作激情者的组织成员或领导者乐于长时工作，企业也有远大愿景，需要争分夺秒地达成使命，在这种情况下，"996"的文化是具有建设性的。但另一方面，"996"也可能是由于组织为了防御焦虑，而与具有工作沉溺和激情沉溺倾向的组织成员或领导者共谋而形成的组织文化。根据以往的研究，在这种情况下，组织将付出组织成员和领导者的健康受损、职业倦怠和组织效率降低的代价。

当然，每一个组织都会幻想自身的成员和领导者都是工作激情者，都会为了实现组织伟大的愿景使命而长时工作。但组织发展从业者的职责在于帮助组织看清这在多大程度上是事实，真相是什么，从而帮助组织从可持续发展的组织健康视角，规划自身劳动时间的需求与供给。

组织结构

组织与组织结构

组织既是一种具体的现实，也是一种象征性的实体。组织也可以被视为容器，以涵容社会对我们所有人的冲动和弱点的焦虑。 这种焦虑可能导致我们被挤压和边缘化[1]。

从组织动力学视角来看，组织结构是一种抽象概念，是人们彼此之间存在的一系列连锁关系的缩写。结构可以定义为：（a）对组织成员之间关系的经验；（b）这些关系从对组织心理现实的回应演变而来；（c）包括组织结构图中所表示的正式认可的关系；（d）这些关系在"人际关系"与"关联性"两个方面都是可见的符号表征和主观经验[2]。

组织结构对于原始本能和侵略性冲动引发的焦虑和恐惧具有社会防御的功能。人们需要一组义务、承诺、权力结合在一起的共同实践，来体验组织的结构。通过结构，人们体验到一种心理上的社区感[3]。当今的组织没有哪一种结构是必须优先选择的。组织的运营性质和背景不同，决定了团队表现良好所必需的不同风格和结构。因此，组织管理者必须全面了解组织的需求，并与组织的目标相结合，以发现一个有效的组织结构，使得员工能够充分发挥其能力，提升组织效率[4]。

组织结构的心理动力

金妮特·德·古耶尔（Jinette de Gooijer）认为，个人与组织之间的关系已经从依赖关系转变为一种自治信条。在这种信条中，个人必须要么否认他们的依赖需要，要么承担起消费者的角色，以便与社会机构建立联系。这种转变的后果之一就是个人的异化[5]。个人与组织关系的转变增加了人的脆弱性。裁员或重组等重大变革发生时，变革之前公司具有抱持焦虑情绪功能的组织结构被移除了。情感体验已经从正式结构中分离出来，而由非正式组织来管理和实现整合。自我中心的个人主义也减少了个人在组织中的心理投入，高层管理人员和员工之间的距离越来越远。首席执行官的工资与组织中最低工资员工之间差距的迅速增大，正是这种情况的佐证。

组织的边界可能更多是心理上的，在组织成员心目中，而不是在汇报线上的正式划分[2]。如果主要任务引发焦虑，它将在组织成员的关系中，在他们如何扮演自己的角色，以及与其他角色的关系中被广泛体验到。组织结构可能因此变得充满了神经性焦虑。

员工心理结构与组织结构之间的关系是相互作用的。组织结构被视为任务、角色和权威的包含结构，影响员工在实际任务（首要任务）中的工作能力。组织结构是针对首要任务所引发的无意识焦虑，而建立起来的社会防御结构[7]。

组织结构的分析

从组织动力视角对组织结构进行分析，可分为四个主要领域：组织结构与心理内部结构的连接；层级制度引起的焦虑；组织边界的心理体验；以及管理者的情感需求[8]。

1. 内部结构的连接

"心理内部结构"指的是个体有意识和无意识地将白我从外部世界中分离出来的能力。成年后，这种结构在很大程度上是固定的，因此员工要么适应组织世界，要么改变它以适应自己的动机，从而与组织世界建立联系。

组织结构是在考虑人际关系动机的情况下创建的。其目的是创造一种包容和培育的环境，但由于组织很少是民主化的，竞争、权力和地位会作为冲突的力量发挥作用。组织结构随后被无意识地创造出来，用以确保精神层面的生存。假设组织结构旨在保护组织不受环境中危险因素的影响，那么最主要的精神危险就是丧失和分离。组织缩减规模或被收购都可能导致员工精神上对组织的抽离[6]。

2. 组织边界

"边界"存在于我们的想象中，建立在我们对自己和早期照料者身体的感觉之上。在抑郁心位的模式下，组织结构中的人际关系被认为是包容的、富有成效的、创造性的和协同的。在"偏执—分裂"心位的模式下，边界被体验为退步和保守的。

与组织结构边界表面接触的感觉，会引发组织成员的心理反应，让人想起与外部世界接触的早期生理感觉。这些可能产生对组织成员的安慰和控制[9]。例如，组织深井既存在于办公室布局的物理划分的现实中，也存在于员工的心目中。虽然组织深井意味着组织结构的碎片化，加剧了"部门墙"给组织造成的隔离，但另一方面，组织深井也被员工们视为巨大的心理空间，发挥着情感、感知和组织功能，可以将那些唤起焦虑的内在精神内容释放出去。

3. 官僚机构和层级制度

韦伯对官僚结构的定义，被认为是一种"理想形式"[9]。在这种形式中，人际工作关系由去人格化的规则和行为来指导。尽管这似乎可以中和其他的私人、情感、非理性和政治行为，但出于人际安全的原因，人们会延续官僚形式。人在官僚主义中的行为是自我系统需求的表现。

官僚主义及其对管理和员工活动的监管代表了人际防御机制的制度化。因此，对安全和避免焦虑的需求，是官僚机构的最大特征。官僚机构之所以强烈抵制变革，是因为他们的心理支柱经常被忽视，"一个客体（通常是一个上级或层级中的执行者）取代了自我理想，确保了对组织的情感投入和忠诚"[9]。

组织动力学家将层级制度定义为一组基于权力和权威的"上级和下级"之间的关系。层级关系的体验是在家庭结构中建立起来的，并且变得如此内化，以至于组织成员作为成年人，似乎与他们个人权威的现实失去了联系[10]。

层级制度和现代组织不能共存，否则就会给员工带来巨大的问题。问题的核心是雇主和雇员之间的心理契约。层级制度中，这种契约假定雇员完全放弃个人权力。员工在加入一个组织时，将他们所有的个人权力向上授权。作为回报，管理层将一些权力向下授权。这种重新授予的权力，有的以正式命令和责任的形式传达，有的则是无意识的沟通[11]。

此外，层级结构的基本推力是控制。等级制度可以被认为是对混乱焦虑的一种防御。"层级制度实际上处理的是对混乱的焦虑，而不是混乱本身。"[10]

4. 领导者的个性对结构的影响

如果管理者在亲密关系中感到安全，那么这种结构更有可能是一种分权决策型的结构，而那些在亲密关系中遇到困难的管理者，更有可能存在效率低下的授权模式[8]。

新型的组织结构

随着外部环境的动荡，以及新技术的发展，企业不断衍生出一系列新型的组织结构，如虚拟组织、网络组织、无边界组织等。这些"新型组织"的组织边界是模糊的或不固定的。当这种情况发生时，相应地，人们在工作中所扮演的角色和他们执行的任务变得模糊不清[2]。

在新型灵活的组织结构中，混乱和冲突的机会比比皆是。组织作为一个整体，传统的边界被定义为那些帮助定义个体行为的"地图"。当传统的界限被移除时，在一个没有边界的组织中，这种"地图"不再适用，那些与关系有关的界限变得更加明显和重要。因此，需要管理四个心理边界：权威、任务、身份和政治。在更深的层次上，管理者放弃权力是为了保护自己不受自身焦虑的影响。如果冲突是新型组织中工作的固有特征，那么风险也是如此[2]。

扁平化的组织结构鼓励角色分化。这样做所带来的一个意料之外的后果是：员工分散地以小型工作组的形式离散开，去做他们的工作。这导致了在当代美国社区意识的丧失成为一种常见的现象。随之而来的，是个体和子群体的原子化和孤立化[8]。而笔者认为，这种现象也随着全球化的发展在世界更多的地方出现和发展着。

另一方面，权力不是控制而是抱持。管理者需要活在当下为下属服务。组织结构和官僚机构用来提供必要的抱持，用以消化潜在的破坏性焦虑、强烈的精神痛苦或迷失方向引发的混乱。随着新型组织结构的出现，雇主与雇员关系向灵活用工、短期合同和权力线较为松散的结构转变，企业现在必须寻求官僚机构之外的抱持手段[12]。

组织韧性

第9章介绍了团队如何保持自身的韧性。本章将介绍组织如何保持自身的韧性。"组织韧性"是指一个组织为了生存和繁荣而预见、准备、应对和适应增量变化和突然中断的能力。在本章中，笔者对组织韧性冰山之下的底层动力作出分析。

从冰山水面之上的视角看，组织韧性理论有个隐含前提，即整个组织是逆境中的首要行动者，是处理信息的中心，决定如何创建和转移资源以应对意外情况和控制不必要的变化。然而在现实中，此类组织并不多见。更为常见的情况是，逆境总是先影响组织的局部，同时也是先由这些局部做出响应和应对。因此，通常应对逆境或突发性创伤的参与者并不是组织的整体，而是它的一部分——某些团队、某些职能部门，以及组织中的某些层级。换言之，组织的某些部分可能是不安全的，而其他部分可能是安全的。在冰山水面之下，组织动力专家关注的是这种分裂是如何产生的，又是如何被应对的。在这种情况下，一个组织的安全性，取决于组织各部分的耦合方式，以及在持续的逆境中各部分之间是支离破碎的还是协调一致的。这决定了组织如何形成其韧性[1][2]。

创伤地理学与群体过程

当遇到逆境时，组织受到的创伤首先会在局部出现（通常是组织的最前线，称为"病灶部分"）。由此，组织形成一个创伤的地理分布图：受到创伤影响的"病灶部分"，以及暂时不受其影响的"相邻部分"。关注组织各部分之间的创伤分布如何变化，有可能重塑管理者如何实现组织韧性的过程。这样的过程，被组织动力专家称为"创伤地理学"[1]。

组织是一个社会系统，由相互嵌套的部分（如部门及其内部的团队）、相邻的部分（如业务单位、部门）以及组织层级（高管、一线员工）所组成。这些部门之间的协作和竞争动态使得组织成为"群体间关系的容器"。病灶与相邻的各个部分如何界定彼此的边界，各部分如何认同自身的身份；确定群体间是竞争还是协作，决定了组织如何应对创伤、塑造其整体的韧性。

首先，组织中各部分在多大程度上可以轻易跨越彼此的边界，即群体间的边界渗透性，调节着群体边界之间的交易。边界渗透性由群体之间利益的相容性决定。当利益一致时，群体之间的界限就会变松，因为成员们会扩大自己对群体内部成员的看法（即"谁是我们"）。对不相容利益的感知，导致不可渗透的边界。

其次，群体的认同感也对群体间的关系至关重要。加强子群体的认同感，群体将更有可能竞争而不是合作，可以使相邻的部分边界更加僵化，降低组织韧性的可能性。而加强对整个组织的认同感，相邻部分会更重视组织整体利益，并更有动力参与亲社会行为和与其他群体合作，从而放松群体间的界限。

吸收创伤的三种路径

　　从组织动力的视角来看，组织韧性由吸收组织创伤的能力所决定。在不断增大的组织创伤之下，各部分之间的协调同步程度是好是坏，从根本上影响组织韧性。当人员和系统无法吸收创伤，并达到其适应能力的极限时，组织就容易受到破坏。创伤的过度累积将耗尽组织的适应性，使之从具有韧性的状态退化为脆化状态。随着韧性的退化，组织分裂成不协调的部分，使得组织更加脆化。

　　组织动力专家识别了三种吸收创伤的路径：否认、修复和整合。这些路径涉及相互关联的几个阶段：（1）相邻的部分形成一种描述，来指导其对病灶部分的反应；（2）固化或改变相邻部分所采取的认同感模式，从而促进这些反应；（3）由相邻部分的响应所产生的，对组织韧性进行瓦解或塑造的影响。

否认

　　第一种路径是否认。通过这一路径，不同的创伤将组织分化成若干不连续的部分。病灶部分独自挣扎，相邻的部分与之保持分离。实际上，相邻的部分否认了与病灶部分的连接，就好像否认了共同的环境背景和目标一样。

疫情下的 HRD

　　2020 年初新冠肺炎疫情暴发，一家公司的首席执行官要求 HRD（人力资源总监）给出应对疫情的方案。但 HRD 提交的方案不令人满意，受到首席执行官的斥责。HRD 将自己的"受害过程"发布到网上，供大家讨论*。

这个事例呈现的是这家企业在突发疫情的情况下，采取"否认"路径的动力。根据案例呈现的有限信息，笔者有一个幻想：资源和资金是组织高层运作的强项，而人员战略与业务战略发展的脱节恐怕是高层头疼和压力所在。在突发的疫情之下，人员管理跟不上组织的应变，成了组织的"创伤"，而负责人员管理的部门也成了"病灶部分"。高层对 HRD 的斥责，HRD 辞职，呈现出对病灶部分的切割，缺乏各部分之间的充分沟通与协调，阻碍了组织形成一个整体来应对挑战。

*有网友认为这个事件是编造的，首席执行官没有时间写邮件给 HRD，通常会直接打电话斥责。但笔者认为，即使打电话斥责，呈现的也是相同的底层动力。

相邻部分的描述

当相邻的组织部分认为自身与病灶部分的利益不相容时，会对其敬而远之。他们的行为就好像在说：如果向着病灶部分移动，会丧失稀缺资源，或被证明是在妥协。相邻部分采用死板的威胁性反应：通过限制信息、加强控制和保护资源来应对威胁带来的压力和焦虑。他们责怪病灶部分（或其他相邻的部分）薄弱的能力、所受的创伤以及运营上出现的困难。他们强调管理群体间边界和资源的需要。

否认过程可能部分地是由病灶部分的痛苦所塑造的。一个群体的痛苦会引发其他群体的防御反应，就好像痛苦具有传染性一样。因此，痛苦有可能增强人们心中"病灶部分是外部群体"的看法，从而助长相邻部分对病灶部分持久性的否认。病灶部分也会反过来责怪相邻的部分，并创造他们是受害者的描述。这种互补的描述保持了相邻部分和病灶部分之间边界的不可渗透性，使它们无法结合在一起。

相邻部分的认同感

即使需求放缓和压力减弱，相邻的部分也可能继续否认病灶部分，强化不相容的利益观念。这种利益观念维持着群体内的向心力和与群体外的对立。相邻部分通过保持死板的威胁和刚性响应方式过滤信息，实际上是在组织内对病灶部分实施"隔离"。病灶部分在组织边界内受到孤立，并缺乏控制或影响能力。

对组织韧性的影响

当一个系统的某些部分被病态化、忽视、疏远、拒绝或漠不关心时，组织韧性就会减弱。在"否认"路径中，部分被切割，实际上创造了一个具有多个部分却各自同床异梦的组织。这种分裂严重阻碍了资源向病灶部分的流动。由于缺乏帮助而急剧萎缩，病灶部分可能成为否认的"牺牲品"。更大的风险是，随着分散的组织变得越来越脆弱，真正的危机将接踵而至，而成员们却对此毫无准备。

修复

第二个路径是修复。相邻的组织部分最初遵循否认的路径，与病灶部分保持距离，并阻断资源流向病灶的部分。随后在某个时间节点上，相邻的部分逐渐与病灶部分一起努力，支持其恢复有效的运作，就踏上了修复的路径。修复的性质和时间，决定了病灶部分和相邻部分在多大程度上能够协调一致还是支离破碎，并最终决定组织的韧性。

从降薪到灵活用工

2020 年初新冠肺炎疫情暴发，某企业一开始采取统一降薪的方式压缩成本，对于不同意降薪的员工提出解约，这是按照"否认"的路径来应对疫情冲击。此后，管理层意识到关键员工与企业的相互需要，在与关键员工沟通过程中，找到了双方满意的灵活用工方案，从而既恢复了生产又复苏了团队的士气。这是转换到修复的路径上，逐步塑造组织的韧性。

相邻部分的描述

当相邻部分对最初将责任归咎于某个病灶部分（"你"），而对引发压倒性创伤的描述进行修改，并将责任转移到整个组织（"我们"）或其他相邻部分（"他们"）的时候，修复就会发生。

相邻部分的认同感

这实际上是将病灶部分从群体外部转移到群体内部。这些描述的修订使得相邻部分能够转移到积极的群体间关系，并引导资源流向病灶部分。

对组织韧性的影响

修复可以使相邻的部分和病灶部分，或多或少地黏合在一个由多个部分组成的系统中。修复的过程，可以弥合或加深相邻部分和病灶部分之间的裂缝。对病灶部分的暂时否认，成为更人整体得以生存的一部分，为稳定更大的系统争取时间。可是，一旦组织做好了准备，隔离就可以解除，病灶部分将得以修复。

但如果病灶部分被否认得太久，修复太缓慢或仅仅在表面进行，成员陷入停滞和惰性的时间过长，则病灶和相邻部分之间的裂缝就会加宽，使得组织的各部分之间支离破碎，组织的韧性就会受到损害。如果修复工作迅速而充分地进行，病灶部分的退化将会消退，其成员能够有效地与邻近部分协调，以避免潜在的危机。

整合

第三条路径是整合。整合路径将相邻部分和病灶部分连接在一起，保持协调一致，以创建一个更大的整体，从而实现韧性。

相邻部分的描述

相邻部分能够意识到病灶部分的创伤，并根据自身的功能形成描述，来保持与病灶部分的连接。相邻部分认为他们的利益与病灶部分相一致，而病灶部分作为整体的一部分被包含进来。在相邻部分的描述中，将病灶部分的创伤归因于境况、组织或其他相邻部分。这样的描述，有助于跨越群体边界，形成连贯的关注，使得各部分都参与到边界工作中来，促进资源跨群体的流动。

相邻部分的认同感

在这条路径上，相邻部分的描述是基于它们被确定为更大组织的一部分。这种认同感使相邻部分能够保持与病灶部分的连接，并作为整合单元发挥作用，即使在压力缓解时也是如此。相邻部分和病灶部分一起"放大"，并创建对所处情景和问题的共同理解。相邻部分强调利益的相容性，使其成员能够保持大家在同一群体中的同理心。这些连接，对于组织在不断走向分裂的过程中保持韧性仍然是必要的。

对组织韧性的影响

当组织韧性被描述为从逆境中"反弹"时，其理念就是组织在受到创伤变形后能够"恢复"原有的形状。在整合过程中，组织的形状仍然是一个由相互关联的各部分组成的合理连贯的系统。必要的资源在这些部分之间流动着。组织始终保持统一的功能，填补不这样做就会使组织变得脆化的漏洞。相邻部分和病灶部分是协调的；它们一起应对可能导致大量中断和创伤的外部状况；建立对组织的共同关注；重视前线提供的微弱的线索；评估发展中的局势；使组织不易受到因对创伤缺乏协调关注而可能出现危机的影响。

在上述三条路径中，整合代表了各部分之间最大的协调一致，否认代表了最大的碎片化，修复则位于整合与否认两者之间的某个中间地带。整合和修复涉及立即或稍后向病灶部分移动；否认涉及保持静止或转身离开。

领导者的作用

在上述三条路径中，相邻部分的领导者和组织的领导者是影响相邻部分"是否能"以及"何时"对病灶部分进行整合或回收的重要因素[3]。领导者在组织中最明显的作用在于加强群体间的关系认同感。在认同感的作用下，群体部分地根据与其他群体的关系来定义自己。考虑到管理层、总部、分部办公室、高级领导和一线员工之间等各个组织部分的分化，群体间领导是至关重要的。领导者是有影响力的代理人，能够利用他们的权力来弥合或利用组织内部的差距。

领导者可以通过不同的方式影响群体间的路径选择。他们可以创造或改变相邻部分和病灶部分的相互依赖关系，更好地将它们的命运联系起来，强化群体间的关系认同感。在实践中具体行动包括：设计奖励系统以及相应的衡量标准，与相邻部分和病灶部分的综合成果挂钩；构建汇报关系，使领导者把各个部分相互关联起来进行对待和思考；撰写工作描述，要求群体成员跨边界工作。

同时，领导者是意义的创造者。他们通过赋予他人意义的方式来描述事件、情境和行动。在实践中，领导者可以通过强调各个部分的独特贡献，以及组织作为一个整体来强化群体间的关系认同。

此外，相邻部分的高级管理人员还应鼓励对病灶部分的关注。例如，领导者们应当将关注病灶部分的创伤，作为获取组织整体脆化信息的渠道；并通过向这些相邻部分提出问题，将这些部分从仅关注本部门的自满和仅关注缩小病灶部分的局部视角，转移到考虑"组织是如何变得越来越脆化的"这一大局上来，从而促进相邻部分和病灶部分的成员相结合，发展出更为复杂的描述和认同感，以实现组织的韧性。

结　语

从组织动力冰山之下的视角来看，组织韧性可以部分地理解为在组织中由于蔓延性创伤而形成的不同部分之间发生的动态变化。组织动力专家利用群体间关系的概念，阐释了这些部分之间的动态如何通过否认、恢复或整合等路径，导致组织分裂或协调一致，影响其韧性，并在此基础上提示了领导者如何发挥自身的角色，促进组织的韧性塑造。

从组织层面回看领导力

本书第 5 章介绍了在个体层面上分析领导者的心理动力。但从组织动力学的视角看，领导者与其身处的组织是一个整体的系统。正如比昂（Bion，1961）所说："领导者并不比群体中任何其他成员拥有更大的自由来做他自己。"[1] 因此，本章将从组织的层面回看领导者，将会有不同的思考。

领导者与追随者

从组织作为一个整体系统的角度来看，领导者并不是天生的，而是由所在的组织系统塑造的。当商业环境的模糊性和复杂性增加时，成员需要选择领导者来帮助群体或组织从混乱中恢复秩序。凯茨·德·弗里斯指出，大多数领导者似乎都有一个共同点，那就是能够唤醒追随者的原始情绪，成为"集体意愿的纵火犯"。[2]

组织动力学家认为，当组织处于困境时，**魅力型领导者**成为承担责任的理想渠道，即使没有这样一个具备领导能力的人，成员也必须创造出一个这样的人来[3]。正如马克斯·韦伯（Max Webber）所说，领导者的魅力是非正式权威的基础。魅力型领导者"将个体的耐心提升到一个普遍的水平，试图解决所有他们原本无法解决的问题"[4]。而**自恋型领导者**因其能够使得成员产生希望，而具有吸引力。自恋型人格通常是由对权力和威望的强烈需求所驱动，从而获得具有权威和领导地位的职位，具有这种特征的人，经常会出现在高层领导职位上[5]。**神经质型领导者**是权力的投射。领导者经常通过强迫他人来处理性格缺陷或自身不和谐的因素。例如，领导者可能会将自己认为不适合领导的方面投射到其他人身上，然后继续指责他们的不足[5]。或者他们会将自己的攻击性投射到同事和下属身上，然后攻击那些太有攻击性的人，这一过程被称为"暴力的无辜"（Violent Innocence）[6]。他们也可能把美德投射到别人身上，然后变得嫉妒，从而否定和贬低别人的贡献[7]。

领导者的追随者，被拉进一场共谋的实践中。领导者代表着追随者所珍视的原则，肯定了他们的愿望。而追随者也准备好了迎合领导者的幻想，把领导者的期望变成自我实现的预言[8][33]。群体渴望追随的，不是那些最能反映现实的人，而是那些能最清楚地反映群体成员所珍视的理想的人。而这个群体的现实越令人苦恼，那些理想就越与之脱离[9]。追随者对领导者的移情，可以采取三种形式：（1）把领导者理想化为优越的存在；（2）把领导者当作一面镜子，当作"我们中的一员"；（3）把领导者看成迫害者，害怕他们。沉溺于这种对领导者的幻想，其实是一种退行，让人们逃避对自身环境的焦虑。当领导者分享这些退行的幻想时，效果最好。这样看起来，领导者是自主的、真实的——因此，如果事情没有成功，他可以受到指责[10]。

然而，领导者与追随者的共谋会阻碍上下级关系发挥作用，阻碍对组织绩效和组织内部文化发展的管理[11]。这会导致"企业进入疯狂状态，每个成员都相互勾结，扼杀任何独立思考或合作工作"[12][13]。例如，自恋型领导者越多的公司，越会采取更大胆、更冒险的行动。与不那么自恋的公司相比，这导致了更大幅度的盈亏波动。虽然自恋型领导者会产生大胆的愿景，但他们的愿景更多的是个人抱负，而不是集体更大需求的表达。由于追随者对领导者自恋的认同，自恋领导者更有可能利用他们的组织来获取个人利益[5]。此外，追随者对领导者积极的理想化移情是诱人的，激励领导者在他们的效率开始下降时仍然紧握权力[14]。例如，当魅力型领导者利用权力来肯定和放大自己性格中的缺陷时，整个组织就可以被形容为"神经质的组织"[2]。而权力，是将个体神经官能症放大到组织规范中的关键，原因有二：（1）高管的权力让他们的下属有两个选择：要么通过肯定他们来参与他们的神经官能症，要么抵制他们。（2）下属常常将领导者理想化。当这种理想化发生时，下属会忽视或否认领导的功能障碍。领导者神经质的风格，成为驱动力和组织的文化特征[5]。五种类型的神经症就会渗透到组织中：偏执型、强迫型、表演型、抑郁型和淡漠型[2]，如下表所示：

表 15-1　神经质组织及关键成员特征与组织特征[2]

关键成员	偏执型	强迫型	表演型	抑郁型	淡漠型
特征	多疑，不信任他人；过度敏感且警惕；一感觉到威胁，就采取反抗行动；在乎别人背后的动机和言外之意；注意范围狭窄；冷静、理性	完美主义；过度关注细节；坚持把自己的做事方式强推给别人；与别人的关系多是支配服从式；主动自发；不能放松；细致、教条、固执	自吹自擂；情绪过分外露；总想吸引别人的注意；好动、渴望刺激；不能集中注意力	内疚感，无价值感，自我谴责，不足感；无助感和无望感，觉得受制于环境；清晰思考能力下降，兴趣和积极性丧失；不能体验快乐	超然、退缩、不参与；疏离感；缺乏热情，很少激动；不在乎批评和赞扬；对现在和未来缺乏兴趣；外表冷漠、不易动感情
幻想	我不能真正信任任何人。上司想铲除我，我最好保持警惕	我不想受制于环境。我必须控制一切对我有影响的事情	我想吸引对我而言很重要的人的注意，给他们留下好印象	我的人生无望改变。我就是不够好	现实世界让我一点都不满意。我与别人的交往都以失败而终结，所以远离别人独处比较安全
潜在优点	非常了解组织内外的机会与威胁；通过多元化降低市场风险	内控精细，运营高效；产品营销策略整合很好，焦点清晰	冲劲十足，容易度过艰难的时期；有些想法利于振兴疲软的组织	内部流程高效，战略焦点清晰	第二层管理者共同制定战略，因此不会发生一言堂

关键成员	偏执型	强迫型	表演型	抑郁型	淡漠型
潜在风险	战略不能全面协调并坚持；最高经理人制造的怀疑气氛，让第二级经理人及其下属缺乏安全感，不敢憧憬未来	墨守成规，不愿发生变化；对外部变化反应不灵敏	战略不能坚持下去，而且风险极大，导致资源紧张。盲目而危险的扩张政策；第二级经理人不能充分发挥作用	战略跟不上时代，组织停止不前；限制在垂死市场；因为产品线太差而没有竞争心。管理者死气沉沉，懒懒散散	战略不能坚持下去，容易动摇；争权夺势，决策并不考虑组织的整体利益，出现领导真空；怀疑氛围，阻碍合作

在任何领导者与组织成员（追随者）的二元结构中，总是存在着分裂和投射性认同的风险。因此，要破除这种共谋，领导者应该利用各种机会直接参与组织成员日常的活动，而不是在"私人会所"里被"忠诚的"私人助理所保护。另一方面，组织成员也必须承担向领导开放的角色。如果不愿意这样做，将进一步疏远组织成员与管理层的关系，并造成管理层和组织成员之间的心理分裂[15]。

领导者与管理者

领导力专家沃伦·本尼斯（Warren Bennis）有一句经常被引用的名言，巧妙地区分了领导者和管理者："管理者正确地做事，领导者做正确的事。"[16] 然而，这一区分也展示了组织在面对压力时所呈现的现象：要么是对"管理主义"（管理工具和技术）的崇拜，要么是对"领导主义"（领导者个体）的崇拜，而否认对两者的整合。这种分裂的现象被组织动力研究者视为一种社会防御[17]。

将领导和管理分开的第一个体现是：管理主义。管理主义指的是一种对

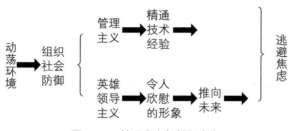

图 15-1　管理主义与领导主义

管理采取的立场。在这种立场上，管理思想与对组织的更大使命和宗旨的整合或问责无关。"管理主义"的本质是将管理工具或技术视为一种神奇的解决方案，而成员将希望投向技术或方法上，就好像它本身将有助于解决复杂的冲突情境一样。管理主义被用来中和深层价值观上潜在的分歧。它也使参与者不必面对自己的价值观和实际做法之间的差异[18]。管理主义作为一种社会防御，可以使人们通过在划定区域内创造出一种精通技术的经验，来逃避管理情境引发的焦虑[17]。

　　将领导和管理分开的另一种表现形式是英雄主义。英雄主义的特征就是寻求和创造英雄般的领导者。这是管理主义的对立面，即强调鼓舞人心的领导力，重视价值观、宗旨、文化以及对行政管理的贬抑[17]。在这里，一方面，人们将希望寄予"救世主"，向特定的个人授予领导权。一个团队由一群才华横溢的人组成，人们更喜欢偶像化领导者，而不是接受领导权在系统中进行更复杂的分布[19]。另一方面，对英雄的崇拜是一种怀旧的防御，可以防止成员意识到需要掌握更复杂、更痛苦的领导方式[20]。 此外，"追求卓越"成为领导者的一种简便方法。高管们模仿流行的企业神话中被夸大的英雄领袖，充满活力并克服惯性。领导者通过操纵符号和文化来指导组织。他们让使命宣言围绕着新近流行的卓越理念，为客户提供服务和发展。这样就摆脱了首要任务必须处理的棘手问题。这些鼓舞人心的想法通常被用来混淆对真实困境的理解。通过上述方式，英雄主义将焦虑与令人欣慰的人或形象联系在一起。 这神奇地将组织推向未来，而无须应对周围的实际复杂性和差异[21]。

　　用比昂的话来说，无论是管理主义还是英雄主义都代表了"依赖"这一基本假设[1]。管理与领导力的分离，是一种社会防御，以避免组织中领导者和成员面临新鲜而复杂的挑战[17]。一个组织通过对某些万能的对象寄予极大的期望，而不是对首要任务或使命的复杂认可，来逃避他们面临的新鲜而复杂的挑战所引发的焦虑，从而使得群体可以减轻其痛苦的意识[17]。因此，在组织运营过程中领导与管理两大要素经常处于一方被理想化，另一方又受到贬低的状态。这就阻碍了有效创新所必需的愿景和信念的融合。当领导要素受到贬低，管理要素被理想化时，工具和技术的力量不能有效地用于领导的目的和思想。在没有领导的情况下提升管理运营水平，使组织成员不必考虑组织方向可能会受到影响的问题[22]。反之，当对领导要素进行理想化，而对管理要素进行贬低时，组织成员通过将领导与管理有效地脱钩，消除对领导的潜在令人不安的想法[17]。

组织动力学家认为，管理和领导力的分离代表着社会层面的防御，以抵御在面对新兴的后工业社会，以及对当代组织的深刻重组的需求所固有的焦虑。在实践中，任何企业的总体领导力都需要受到尊重并且需要整合。发生管理和领导的分裂，或者一个人凌驾于另一个之上的状况，会使得组织处于危险之中[17]。正如莱斯所说："除非领导者有能力为首要任务作出贡献，否则他最终将只能担任行政职务。相反，除非领导者可以使用行政管理机构，否则他们的愿景就无法实现。"[23]

领导者的专注当下与消极能力

在组织中，成员对于领导的感受是复杂的。组织成员既可能会欢迎强有力的领导人，为组织提供一个支持的框架；也可能会拒绝这个强有力的领导人，因为他们会干扰组织成员的自由感[24]。如果一个组织充满焦虑和依赖，组织成员可能会寻找一个能给他们安全感、让他们摆脱不安的领导。而一个执迷于保持完全控制的领导者，在使用权力时也会得到狂热服从的下属的支持。这是一个共谋的过程[24]。

作为一名领导者，需要对自己的内在有更深入的探索。领导者的专注当下（presence）和消极处理能力（negative capability）是两个重要的方面，可以帮助领导者容忍他人的攻击性（Kernberg，1978），降低对其他人的嫉妒[25]。在这种状态下，领导者还可以确保其他人可能看起来更自由、更有创造力，或者有更多的时间[14][26]，从而有助于帮助领导者抑制他人的焦虑，建立一个与支持神经质文化的恶性循环相反的良性循环[27]。

所谓"专注当下"，是指当领导者能够以一种非防御性的方式管理自己的焦虑，并将自己的情绪、智力和身体各方面结合起来时，他们就处于心理上专注当下的状态。这样的状态，可以让组织成员全身心参与到工作中，并形成高水平的组织效能[28]。这种状态还能够使人们听到不同的声音，并有助于对组织的特性和未来进行争鸣和探讨。

传统上，领导的任务是对预定的任务、计划和系统进行控制。组织动力学的视角认为，领导是对任务、角色和权力界限，或不确定性抱持的过程。领导者的角色发生了变化。领导者需要为他们的下属保持专注当下的状态[24]。通过专注当下的状态，领导者和下属之间的关系得以建立，并有可能就工作和感受经验建立连接。当领导者与工作团队中的个人进行交流，了解他们对工作的感受，并为团队明确规定任务和权限的界限时，情感连接就得到了体现。

消极处理能力是对于专注当下状态的补充，是指在面对自身或环境的混乱时岿然不动的能力。消极处理能力是一种状态，在这种状态下，一个人"能够处于不确定、神秘、怀疑之中，而不会急躁地追求事实和理性"。领导者在维持"反思性不作为"的同时采取"果断行动"的能力是他们达成绩效的关键。消极处理能力"可以创造一个过渡空间，而不是让人在困难的情况下继续思考"[29]。消极处理能力能够阻止领导者让焦虑支配他们的议程，特别是在危机中[30]。此外，消极处理能力也给领导者提供了空间，来回顾如何把情绪看作潜在的洞察力的来源，而不是把它们当作干扰[31]。同时，满足领导者果断行动的预期，可能在缓解其他人焦虑的同时抵制"行动的吸引力"，也会给组织带来益处。

领导者控制自己和他人的能力，取决于在孩童时代是否经历过牢固的涵容（containment）。受到涵容的体验可以让领导者避免被转移到防御性和有害的行动中"冲昏头脑"。尽管领导人的"涵容"天赋可能根植于早期养育的过程当中，但学者们一致认为，这种能力是可以培养和发展的。诸如心理治疗、教练、日记和冥想等活动都可以有效地提升领导者涵容的能力[32]。

管理旋涡："内卷"的组织动力分析

随着中美贸易争端、新冠肺炎疫情等对经济影响的显现，"内卷"一词频繁在媒体间出现。根据生物学家的解释，大部分涡螺科生物在生长过程中，螺塔清晰可见，从边缘向外分泌形成新螺层。这种生长方式叫作外卷（volute）。而宝螺等品种，在小时候还有螺塔，长大后早期的螺层渐渐消失，以后整体外形将不再变化，甚至螺层一圈一圈渐渐向内分泌，直至占满螺壳。这种生长方式被称为"内卷"（involute）。人类学家借用这个词指代某些社会生态中，低水平的不断重复，造成封闭系统的白热化动作，消耗能量，而无增量式的产出。

"内卷"一词引发的反响十分激烈。很多管理行为都被认为是"内卷"动作。例如：无意义的精益求精、将简单问题复杂化是内卷，低水平的模仿和复制，在同一个问题上无休止地挖掘，甚至前几年备受推崇的"工匠精神"也被贴上"内卷"的标签。

从组织动力的视角来看，内卷的产生是因为封闭系统激发了组织的底层焦虑，从而产生一系列组织的社会防御，形成内卷的种种神操作。

1. 边界

组织是由其自身的边界所定义的。如果系统边界过于封闭，组织内部只能进行零和博弈，玩有限游戏。在这样的系统中，没有外部能量交换，熵增加剧，系统变得日益无序混乱。

2. 层级系统

在日益无序混乱的环境中，组织成员的底层焦虑不断上升。传统的层级系统，通过规范的权力分配、严密的规章制度，形成一种稳定的结构。成员只有在这样稳固体系的庇护下，才能免除对焦虑的体验，防御由此引发的种种不适。慢慢地，层级体系成为一套防御体系。组织成员会共同去强化，甚至捍卫这样的体系，防止它受到破坏，造成不安全感的出现。

3. 反向任务

由于焦虑的不断攀升，以及防御体系带来的虚假的安全感，组织的成员需要不断地开展行动，来捍卫防御体系，或者让自己被忙碌所占满，来逃避焦虑的体验，这就形成了反向任务，正如近期很多文章指出的多种内卷现象：不断细化繁文缛节的组织流程，KPI 的僵化考核，"996"也做不完的工作任务清单。这些堆山填海的任务，固然能够让组织成员忙碌起来，但却是用战术的忙乱来实现对焦虑的防御。

4. 怎么突破：组织容器

身处封闭系统的内卷旋风中，突破的发力点有两个：专注当下和消极能力。专注当下和消极能力可以帮助组织成员，尤其是领导者，抱持他人的焦虑，建立一个良性循环的文化。这两种能力还可以确保组织成员，尤其是领导者，容忍他人的攻击性，从而使得其他人可能更自由、更有创造力。中国有句古话叫作"每临大事有静气"，指的就是这样一种能力。有了这份淡定，就能够去重新探索组织的边界，寻求新的机会；也可以去深入探索内在的资源，创造内在的丰富性。

第 **16** 章
CHAPTER

组织变革

VUCA 时代要求组织进行深刻的变革，并深深地渗透到成员的思考和关系中。领导者的管理，本质上是变革的管理。这里的关键问题是，变化是由"内部"驱动的，还是由外部环境的变化决定的？大多数变化似乎都是由影响工作场所的环境变化所驱动的[1]。

组织环境的变化

在从静态的环境转变为更加动荡的运营环境时，组织必须应对更大的复杂性。按照阿什比定律的观点，系统内部的复杂性必须与系统环境中的复杂性相匹配[2]。因此，成员必须在内部与外部之间以更高的复杂性进行竞争，必须持续地适应需求，并且必须具有持续保持组织灵活性的能力。

随着环境变得更加复杂和动荡[3]，组织战略变得更具合作性，而不是竞争性。然而，与此相矛盾的是，合作关系比竞争关系更容易让人产生焦虑。因为在合作关系中，利益相关方要认可彼此的相互依赖关系后才能开展合作。

　　越来越多的利益相关方对组织及其管理者提出了越来越高的要求。组织生活的许多方面都满足了某些基本的安全性和依赖性需求。随着动荡的形势和不断的重组，许多高级管理人员的工作模式和他们曾经习惯的方式相比，发生了很大的变化[4]。 所以，无论是组织的外部环境还是内部需求，都发生着巨大的变化，因此组织需要不断地调整变化，以适应变化的需求。

不同类型的变革

　　组织动力学家勒温将群体的变化过程概括为三个步骤：（a）解冻（unfreeze）——重新评价旧的价值，并要求有一个开放的思想，打破自满和自以为是的外壳，有时有必要故意引起情绪上的骚动。（b）变革（change）——实际执行新的行为。（c）再冻结（refreeze）——该群体现在保持在一个新的水平上。勒温认为变革的发生来自两种力量：一个是个人倾向于坚持自己的决定，另一个是对群体的承诺[5]。

　　当组织发生重大变化时，组织原有的原始情绪状态作为社会防御系统遭到破坏，组织陷入焦虑的状态[6]。解决这一困境的方式就是建立新的社会防御，并整合成为新的工作方法[7]。一个组织的社会防御系统能够支持其成员的能力，帮助他们有效地发挥作用，并抱持由于成员身份和面对复杂任务而引起的，更原始的恐惧和焦虑。否则，组织成员会倾向于依靠原始的防御来保护自己，使自己免受由分裂而产生的焦虑，也免受由分裂和投射性认同所构成的被害气氛所造成的影响[8]。

　　詹姆斯·克兰兹（James Kranz）将克莱因的概念从个人层面迁移到群体或组织层面。他将变革的努力看作一个统一的连续体，描述了组织在变革过程中深思熟虑、成熟和有效的程度。在这个连续体的一端是 "原始的变革"（Primitive Change），另一端是 "复杂的变革"（Sophisticated Change）[8]。

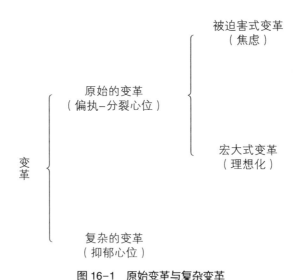

图 16-1　原始变革与复杂变革

在原始的变革过程中，群体处于偏执-分裂心位的模式。其特征是依靠否认、分裂和投射性认同等原始防御，努力缓解令人不安的焦虑感。原始的变革，对未来是一种双重和分裂的印象。一方面，有一种理想化的，甚至是乌托邦模式，经常借用当前时尚的管理语言，来描述组织工作中新采用的宏大方法和概念，甚至与企业的实际工作几乎没有关系。另一方面，人们对本组织实施有意义变革的前景普遍感到怀疑和绝望。与贬值的未来相关的内在焦虑和冲动常常被分离、汇集起来，然后投射到某些群体中。这些群体随后变得越来越"抗拒"或怀疑变革的努力。

在这些情况下，往往存在着一种强大的压力，组织成员需要公开表达对理想形象的无条件支持；而公开表达怀疑或批评被认为是不忠诚的。在这样的变革氛围中，新出现的不理想的现实状况经常被领导者否认，无法被表达出来。试图解决不理想方面的努力会受到攻击，组织无法从中获得学习。克兰兹尖锐地指出，在这种情况下，组织逐渐腐败的迹象隐藏在仪式化的会议和空洞的计划活动之中。原始变革的特点如下：

- 不现实的短时间框架内，存在对变化的极端期望；
- 变革领导采取进行浮夸的风格并进行自我理想化；

● 用巧妙的称谓和肤浅的描述来回避变革中涉及的痛苦和困难；

● 将现实和变革努力的复杂性简化为肤浅的秘方和灵丹妙药；

● 要么缺乏必要的结构，束缚变革过程；要么没有对结构赋予权威和意义，而仅仅给予了权力。

克兰兹进一步将原始变革划分为两种类型，即所谓的"被迫害式变革"（persecutory-type）和"宏大式变革"（grandiose-type）。在"被迫害式变革"的努力中，变革的管理者和领导者认为变革是强加给他们的，但他们必须实施变革。在"宏大式变革"的努力中，其特征是目标的广泛扩张和领导阶层的英雄主义理想化和自我理想化。

在连续体的另一端是"复杂变革"。在复杂变革的努力中，群体处于抑郁心位的模式。克兰兹对复杂变革的评价是现实、扎实、周到。在这种模式下，更高层次的群体功能能够得到支持，与此同时，深刻变化的焦虑得到充分抱持，以防止破坏性的混乱或替罪羊的出现。在对未来的定位方面，在复杂变革中，组织成员一方面能够对未来采取一种充满希望的态度；另一方面对实现新方法所涉及的挑战也具有清醒的认识，将与变化相关的令人不安的混乱、困惑和不确定性置于可控的范围[1]。在这种状态下，处于复杂变革中的管理者更现实，不那么浮夸，能够赋予他们角色的真正权威和脚踏实地的欣赏[9]。复杂变革的特点如下：

● 对产生重大变革所需的时间进行现实的评估；

● 认识到人们要投入多少时间来进行变革，以及由此给生产力带来的影响；

● 正视变革引起的焦虑，认识到某些利益方可能受到伤害；

● 承认变革带来的复杂感受，包括失去熟悉环境所带来的压抑和愤怒；

● 容忍变革中的错误，并有能力进行学习、调整；

● 明确变革和过去的联系，对未来进行合理的、令人信服的描述。

组织的创造力

创造力是指"将新事物带入存在的能力"[10]。从管理者的角度来看，通过预测未来的环境变化，管理者可以开发适用的、创新的系统来应对突发事件。然而，关于社会防御的研究表明，所有组织都至少有一些防御特性是"固有且保守"的[11][12]并提供一种"想象的稳定"的感觉[13]。社会防御帮助组织从容不迫地团结在一起[14]，但另一方面也限制组织创新和适应环境变化的能力[15][16]。因此，创新的努力总是使组织面临变化的悖论：创新引发的变化破坏了组织生活的特征，而这些特征恰恰是要想确保创新获得成功，所需的高质量运营环境应具备的特征[1]。

在创新的过程中，个体放弃了对"现实"的外在定义，代之以自己的定义，从而放弃了确定性和安全感，代之以不确定性和不安全感。创造力源于个人，但它的诞生和生存仍然依赖于社会中的其他个人。这是我们在创造变革时所面临的必要风险和成本之一[10]。

内疚

发展一种全新的东西，在超越现实世界所设定的界限时，它可能会使我们感到内疚。我们也会因为自己敢于"越轨"而感到内疚[10]。

暴力

暴力是所有创造性行为的基本要素。这种强烈的创造欲望使相关人士将自己的形象强加于外部世界。虽然创造性包括玩耍，但这并不意味着创造性活动是无忧无虑的。相反，任何一种创造性或革新性的活动总是与相当多的暴力联系在一起，并经常引起强烈的痛苦和内疚。创造力的另一个重要方面是有创造力的人内心世界的混乱[10]。

破坏性

对毁灭的恐惧是破坏性冲动的产物。当创造新事物时，"必要的破坏"行为携带了将破坏性冲动引向内在的可能性[17]。温尼科特将创造力与丧失和破坏性联系起来。在他看来，我们是我们所需的任何东西的创造者。因此，创造力扮演了一个"能满足我们需求的看护者"的角色[18]。温尼科特强调，创造力嵌入在婴儿和看护者之间的基本关系当中，攻击性和破坏性是其中的一部分。最初的破坏性是无意的，它只发生在幻想的层面。然而，破坏的需要和破坏的乐趣都是人类基本构成的一个重要部分。"毁灭，从一开始就是指向外面的，并在现实中发生，而不只是在幻想中[19]。"

在组织中，破坏性和创造性的交织几乎总是出现在工作改进、组织变革和产品开发项目的背景下[10]。当组织成员真的相信他们的创造，就会不断战斗，促进这个创造的诞生，把它变成现实。所以，当组织成员可以在接受新思想的氛围中自由地探索他们的创造力时，组织成员因打破常规所产生的内疚感就会得以克服。温尼科特认为，如果组织成员希望某样东西变成现实，就会攻击生活的环境，而非破坏有意义的东西，那么创造力就能够体现出基本的安全感和生活乐趣[19]。

对组织的创新管理实践进行观察发现，组织倾向选择自恋型管理者进行创新管理。这意味着企业会选择那些具有创造力，但同时在某些情况下破坏同事创造力的管理者[20]。

组织合并

随着市场动荡的加剧和经济全球化的兴起，组织合并变得越来越普遍。

哈莉娜·布鲁宁（Halina Brunning）认为，全球化似乎意味着，在一个国家的单元中操作可行的一套策略，可以被重新定义，成为无形的跨国责任的一部分[21]。组织合并是一种极端的组织变革，对发起合并的一方和被合并的一方都会产生深刻的影响。

组织的合并会让人们产生一种幻觉，认为公司是不朽的，并让他们的精神或肉体的存在性问题浮出水面。合并使得组织边界被融合，员工们突然发现，他们是另一个企业的一部分，或者是多余的一部分。从全球秩序的规模来看，很多时候合并成为一种灾难性的变革，它依赖于"消灭"前一个企业的一部分而取得成功。在组织成员看来，消灭前一家组织部分成员的行为是一种冷漠和残忍的行为。这会在成员中引起难以忍受的强烈的迫害焦虑，他们会通过从情感上脱离组织的精神现实来保护自己[17]。

合并，特别是角色和关系的重新排序，将会破坏与所爱对象的联系。当外在的现实存在着已知的变化和不确定的危险时，似乎很明显，这些危险也孕育着本能的死亡危险。因此，指出公司合并是一种创建新组织的行为。因此，新组织经历的发展阶段类似于婴儿，主要阶段是处理生与死的本能[17]。这些在个体早期发展过程中发挥作用的原始本能，在成年期自我遭遇威胁时被重新唤起。因此，新的管理层必须有能力处理残忍的愤怒、侵略、仇恨、嫉妒和投射的内疚等原始的破坏性冲动。他们需要有能力控制自己和他人对毁灭的恐惧。

布鲁宁指出，合并破坏了构建，是创造力和破坏力共存的一个悖论。她用移民的隐喻来探索，合并是一个怎样的破坏和构建的过程。她将合并的各个阶段对应到移民的各个阶段，并与那些"离开"以前的组织，迁移到新实体的员工所要完成的心理任务相联系。在一个合并过程中，每个人都有五个阶段[21]：（1）考虑移民，心理任务是处理失望和预期；（2）准备离开，心理任务是放手；（3）旅行，心理任务是离开熟悉的过去和拥抱不确定的未来；（4）到达，心理任务是学习生存；（5）调整，心理任务是重新适应角色、身份、地位的巨变和对核心价值观的影响。

布鲁宁在其对"合并移民"的探索中发现，员工在过渡到新组织的移民旅程中，大部分心理任务是由个人来完成的。只有在最后一个阶段，"已建立

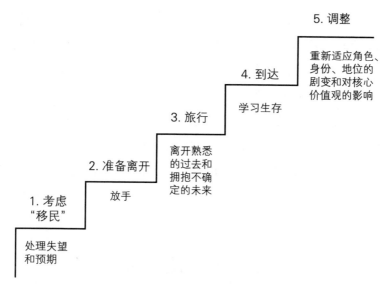

图 16-2 组织合并中的"移民"过程

的秩序"才开始重新调整，并吸收"新来者"所带来的一些东西。

组织成员在组织合并过程中也经历着"差异性"遭遇[22]。一旦合并或收购发生，防御手段将继续被使用，表现为否认相关痛苦，对新的文化进行疯狂过度调整，或对旧文化进行理想化等。在组织层面上，社会防御将被用来处理在个体中被激起的被害和抑郁焦虑的总和，如将"处理员工悲伤问题"拆分为人力资源等部门的职能等。当合并中的丧失感没有在组织层面上受到整体的哀悼时，很可能使得组织中被害和压抑的焦虑占主导地位，表现为对来自外部迫害者的毁灭和客体与自我的分裂的恐惧。在企业合并的情况下，管理层作为一个整体与组织相关的能力会被摧毁，他们驾驭变革的能力也会在一段时间内受损。这是因为破坏性的冲动占主导地位，并刺激了人们对生存的焦虑。

越来越多的组织引起并宣泄了对灾难性变化的恐惧。而且，管理层一直被期望将组织视为一个"整体对象"。在这个角色中，个体管理者必须解释不断变化的外部现实，并就如何改变内部现实做出决定，以保持最佳的业务，"适应"其商业环境[23]。在一个新组织的发展中，如何管理"内部破坏性冲动引发的毁灭感"所造成的恐惧，影响了一个组织其精神现实的本质，以及它在后期应对威胁的稳健性。区分"现实的危险"和"幻想的危险"的能力，是新管理层角色的一个重要特征。他们既需要能够进行反思的手段、一个反思的空间，也需要让个人在情感上参与到这个过程中来。这是一个创造性的过程，也是一种应对破坏性过程的生存策略[17]。

组织在面对合并过程中引发的各种焦虑和恐惧时，缔造一个过渡的过程十分重要。这样的过程有助于消除与"差异性"和哀悼相关的焦虑[22]。因此，如何塑造一个过渡空间，成为组织合并与变革的核心。

变革的过渡过程

在组织变革、组织创新，以及组织合并、重组等转型过程中最需要解决的问题是建立一个过渡结构，以促进内部世界和外部现实的和谐[19]。温尼科特强调，这一任务对人类来说是一项重要的、持续的任务。温尼科特在人类的内心世界和外部世界之间提出了第三个体验空间，即过渡空间的概念[18]。这个空间，允许人类从自己的主观状态过渡到更客观的体验世界的状态。在过渡空间中，当人们同时感知和创造时，能够区分幻想和事实、内部现实和外部对象。人类生命的这个第三空间不容忽视，这是内在的现实和外在的生命共同贡献的部分。除了它应该作为个人的休息场所而存在之外，在这个空间中，人们还从事着使内在和外在现实分离，但又相互关联的永恒任务。

组织动力学家将温尼科特过渡空间的思想引入成人世界和组织变革中[24]。在这里，过渡空间指的是为成年人提供的外部时间、空间和许可条件，以使那些健康的、创造性的心理过程在内部第三空间进行工作。此外，在成年人的生活中，过渡过程不仅围绕着新呈现的外部现实，也围绕着想象和创造的新的现实展开。换句话说，幼儿的发展和适应过渡过程，主要指向他的内心世界对外部世界的调整；而成人则要对两者都进行处理：内心世界和外部世界同时调整。这两个调整过程都包括在"过渡性变化"中。

在组织中设置过渡结构十分重要[25]，包括：（1）提供时间和空间创造足够的心理安全感，来通过反思和现实检验，使有关人员协调他们的内部和外部现实世界；修通"此时此地"所呈现的过去与未来之间的张力。（2）提供可以实现"足够好的抱持"或外部"存在可能性"的现实客体[26][27]。（3）管理者扮演恰当的角色，以促进变革的过渡过程（如涵容、耐心）。（4）以开放的方式变革，否则有关人员的创造性工作将被排除在外。变革的过渡过程最终将引发组织承认现实，接受不可改变的部分，以及识别下一步可以做些什么[24]。

新兴的后工业世界带来巨大的不确定性，并引起人们对家庭、工作和社区生活的质疑。人类固有的、原始的、破坏性的特征，随着环境变化和波动的速度变快而加剧。任何大规模的组织变革，至少必须从高级管理层自身的变革开始，并在此过程中开始创造一种抱持的环境，而这种环境反过来又将推动组织内的其他文化变革[1]。

《小舍得》里看 OD

1. 缘起

讨论"鸡娃"现象的电视剧《小舍得》曾十分火爆。剧中真实地反映了家长深处焦虑当中的各种乱象，孩子成绩的攀比、给孩子层层加码报班，为了进入名校使出浑身解数，甚至不惜上演假离婚的闹剧等不一而足。最终，"鸡娃"承受不住压力在考场崩溃，才引起家长的反思。这样一部电视剧似乎倾向性很明显，就是反对"鸡娃"、反对唯分数论，引发家长的反思。

然而，笔者在网上观看这部剧的时候却发现了一个有趣的现象。因为这是一部教育题材的电视剧，在引入的广告当中就有很多跟孩子相关的产品，如儿童饮料、食品、文具等。但令人错愕的是，在大量广告当中，还有很多教辅机构的广告，如某帮、某掌门、某猿等。甚至连在剧情中极力反对"鸡娃"现象、不惜与男友分手的张老师，也在广告中代言了一家英语培训机构。

如果说这些贴片广告是视频平台在电视剧产品之外开发的衍生产品，那电视剧当中的植入广告就是电视剧产品本身的一部分了。

在这样一部以反对"鸡娃"撬动家长进行教育反思的电视剧中，无论是在剧情当中，还是在渠道当中大量引入"鸡娃"机构的广告，实在是件有意思的事。即使是在相关教培机构接到主管部门的罚单后，视频网站上该剧中教培机构的贴片广告仍然如火如荼地播放着。对于撬动组织变革的组织发展从业者而言，这一现象又有哪些启示呢？

2. 系统，又见系统

从组织发展的视角来看，无论是一个产品还是一个组织，都是置身于整体系统当中的一部分。以《小舍得》这部电视剧为例，主创从构思到表演、拍摄固然是产品的一部分，制片部门引入资金也是这个产品的一部分。主创环节所宣扬的价值观与配套广告所宣扬的价值观撞车，似乎是多个部门各自为战、缺乏整体协调的结果。

从组织动力的视角来看，组织在遇到压力的时候，经常通过分裂的方式来应对由此产生的焦虑：把一个组织或一个系统分成"好"的部分和"不好"的部分。似乎"坏"的部分是这个组织的破坏者应当受到惩罚，而"好"的部分是这个组织的拯救者应当受到奖励，却忘记了两者其实是一体的。《小舍得》这个文化产品也是一样的。似乎主创团队三观很正，弘扬"素质教育"的正气；而制片等执行团队三观有问题，为了钱什么广告都接。但另一方面，大家会看到，很多贴片广告都是由剧中主要演员来出演的，植入广告那更是整个摄制组团队共同完成的结果了。所以，是剧组整体被困在这个系统中了，而不是哪个单独的部门或个人有问题。

3. 平行进程

平行进程是心理学中的一个术语，是指当心理咨询师接受督导时，心理咨询师与督导师建立关系的过程会平行地呈现来访者（心理咨询客户）的问题。也就是说，来访者（心理咨询客户）的移情和心理咨询师的反移情，会在心理咨询师与其督导师的关系的镜子中重新出现。这种现象被称作"平行进程"。《小舍得》想要将"鸡娃"的现象呈现在观众面前，但剧组恰恰同时体验到了"鸡娃"家长所面临的境遇。

拍摄电视剧需要大量资金投入，因此需要引进广告收入以支付成本并获取收益。《小舍得》是一部 K12 教育题材的电视剧，会吸引大量家长观看，因此更容易吸引健康、家居、教培等相关品牌方进行广告赞助。而在教培行业当中，教培机构或是抓住家长的痛点，或是制造家长的购买欲望，已经形成相当规模，获得良好收益，更有实力进行广告赞助。而所谓素质教育的培训机构，距离家长的痛点较远，有规模、有实力进行大规模广告投资的品牌并不多。两相对照，教培机构的广告收入可谓唾手可得。而资料显示，《小舍得》的投资方柠萌影业在 C 轮后估值达到 75 亿元，已与中金签署上市辅导协议。在这样的情况下，它所投资的影视项目也需要有良好的业绩表现，才更有利于上市的推进。一方有资金供给，另一方有资金需求，于是一部在剧情中反对"鸡娃"、反对大量课外补习，倡导看中孩子长远发展的电视剧，在片头、片尾以及情节当中嵌入各类课外（线上）补习班广告的现象就出现了。

《小舍得》剧组在内容制作方面强调中长期视角，在财务运作方面又选择短期收益。这样矛盾的现象，和"鸡娃"家长所处的境遇何其相似。从长远来看，家长都希望孩子能有健全的人格、德智体美劳全面发展。而剧组团队中负责内容拍摄的部门，就代表了期待孩子未来全面发展的家长。但面对激烈内卷的竞争环境，"鸡娃"似乎是部分家长短期最有利、最能获得安全感的选择。而剧组团队中负责制片的部门，就代表了为孩子做现实选择的家长。所以，上述这种长期视角和短期视角的纠结，既是现实中"鸡娃"家长（剧中人物）的冲突，也是剧组本身所体验的冲突。那几位剧中扮演反对"鸡娃"的角色，剧外又拍摄教培机构广告的演员，恐怕对此有更深的体会。这也是组织发展强调的一个原则：组织发展顾问要使用自己作为工具，体验所经历的一切。

4. 变革的复杂性

《小舍得》剧组所经历的在拍摄和制片过程中，一方面撬动家长反思教育，一方面为课外教培机构呐喊助威，这恰恰是一个生动的例子，体现了变革的复杂性。"鸡娃"现象是一个复杂的问题，涉及诸多因素和庞大的系统。《小舍得》剧组在内容上对这一现象进行了有益的反思。即使作为变革的先声，《小舍得》剧组也被困在这个利益方组成的系统当中，玩起左右手互搏的游戏。

组织动力学家将变革分为两大类：原始变革和复杂变革。

原始变革，要么是受到焦虑的驱动，为了逃避灾难性的后果被迫所采取的变革（剧中讲述被不断打鸡血的孩子，最终不能承受压力而崩溃，就是期望用这个力量去驱动变革）；要么是被理想化所驱动的变革，强调一帆风顺的转向和美好的未来（本剧圆满的结局似乎就是用这种方式，预示变革的成功）。

但现实中的变革是复杂的。复杂变革是一种以更为现实、不那么浮夸的方式推动的变革。比如，对于"鸡娃"的家长是简单地进行批判，还是深入去体察其背后的焦虑、恐惧、欲望；对于校外的教培机构，是简单地认定它是洪水猛兽，还是采取措施扬其长避其短，这些都是推动变革要去思考的问题。

《小舍得》作为一部热播剧，不但从内容上，而且从项目运作上，为我们呈现了一个变革的案例，有助于组织发展从业者看到在系统中驱动变革的复杂性，值得深入体会。

组织文化

组织文化的特征

组织文化是一个组织适应外部环境或内部整合所必需的，共享的基本假设模式[1]。文化是由组织成员和组织"抱持的环境"之间的相互关系发展而来的[2]。组织文化既包括经济因素、产品、服务、结构和战略等可见的"外部抱持环境"，也包括组织成员心目中发生的群体所构成的"内部抱持环境"[3]。组织文化更深层次的方面是，在表面之下的，即影响人们的行为和他们对工作场所压力和焦虑反应的假设、信仰和价值观[4]，以及共享的无意识幻想[5]。

社会文化对人格发展的影响有两种截然不同的类型。一方面，我们受到来自个人对孩子的文化模式行为的影响，什么样的描述可以被社会所接受；另一方面，个人对其社会所特有的行为模式的观察或指导，会对我们产生影响。我们需要研究的是这些社会经验的过程[2]。组织文化也是如此。

组织文化具有如下特征：（1）它是一个心理—社会的过程，发展出一个群体/组织的成员与群体/组织抱持环境的相互联系。（2）它连续一致地为成员提供自尊感，以及与他人之间建立现实感；（3）它既是一种心理过程，又是一种社会过程，它受到意识和无意识过程的影响。（4）组织成员集体的、可感知的观点和组织抱持环境的独特性，导致了每个组织和组织的一部分都有独特的文化；（5）因为群体是正在进行的结构，而不是已经完成的结构，所以它是一个动态的、不断变化的过程。（6）在环境强加的条件下，一个群体、组织或社会的成员会产生对他们心理有利的行为形式[2]。

组织价值观

组织义化的核心是价值观。价值观是一套规范的标准，是判断我们的社会、世界应如何进行必要的构造和运作以及评价那些使个人和社会进行恰当合理选择的标准。这些标准影响着人们的行为选择。价值观的主要功能是作为决策和行动的决定因素和指导方针。但组织动力学家认为，这种基于价值观的行动决策不是有意识的决策，而是无意识的决策。当价值观被唤起时，人们体内所有与原始对象相关的情绪也被唤起，可能是积极的，也可能是消极的[2]。

在大型组织中，成员之间的冲突可能是由不同价值观所引起的。例如，人力资源专业人员可能会分享一些与他们的专业有关的价值观（如平等、鼓励多样性等）。然而，组织的其他部分可能没有这样的价值观。例如，销售可能是关心不惜一切代价获得财务成功的价值观。在这种情况下，这些雇员之间的接触可能是冲突的根源[2]。

文化仪式与仪式化行为

组织中的文化仪式是组织文化重要的组成部分。例如，很多公司都会举办年度联欢会、运动会等。这些都是组织文化仪式的例子。文化仪式被定义为既定形式、礼仪系统、仪式上的行为或行动，以及一系列惯常重复的行为[6]。文化仪式的作用在于控制不可知的事物，并使不可知的事物变得可知，且对集体有意义[7]。文化仪式可以产生一种完整感：完整的举动，完整的顺序，（至少在一段时间内）获得满足感，饱足甚至平静。在文化仪式中，人们构建了经过概念验证的意义系统，形成真正的自我接受。

但是在组织当中，也存在大量"仪式化行为"。例如，很多公司存在着烦琐的公文流转、大量会议的安排。在这些文山会海当中，有一部分对业务没有实际帮助，可以被视作仪式化的行为。因此，对社会有用的文化礼仪与官僚性的仪式化行为之间存在重要区别。组织中的"仪式化行为"，被定义为功能失调和强迫性官僚作风，被认为是无意义的惯例，可用来压制和否认真实的感情，给人一种被一系列无休止的序列所笼罩的感觉[8]。仪式化行为仅满足于控制[7]，象征着有意通过压制来克服威胁自己的矛盾情绪[9]。

功能失调的仪式化行为（即强迫性官僚行为），是一种"对信念的防御"[10]。其中工具性的人际关系和去人格化，深化了对组织主体之间含义和相互理解的压制。越是感到无助的人，就越需要这种外部的魔术援助[7]。从事仪式化行为的个体，可能也希望满足这些个人对控制和可管理性的需求，但是仪式化的行为可能会失去其行为的意义和目的性，破坏人际的亲密感。在仪式化行为中，群体和组织的参与者调动社会防御系统应对焦虑，同时也通过去"人格化"等方式抑制了组织中协作行为的产生[8]。

抱持环境

组织文化是在组织成员与组织中"抱持环境"的相互联系中发展起来的。当组织文化通过激励成员成长的符号和实践来支持其成员时，组织就会采取抱持的文化。组织动力学家将组织的抱持环境定义为一种减少干扰的影响和促进感觉的社会背景[11]。特定的组织环境为文化的发展提供了环境：（1）文化是一个组织或机构存在的状态，而不是一个组织或机构"拥有"的东西；（2）每一种文化，就像每一种人格一样，都是独一无二的[2]。因此，抱持的环境被视为解释组织文化如何发展的关键概念。

当工作场所具有不安全感和不确定性时，人们需要在工作中更多地保持自我。这种需要可以通过"短暂时刻"得到满足。在这种"短暂时刻"中，经历焦虑的组织成员授权其他人或一个群体成为抱持的环境[12]。组织动力学家经常将组织抱持的环境比喻成母子之间持续的相互关系[11]。在孩子成长过程中，最幸运的经历是遇到一位"60分母亲"。这样的母亲能抚慰孩子，回应孩子的生理和心理需求，抵御他们的攻击，保护他们免受外部或内部的过度痛苦。母亲的抱持环境不是一个封闭的系统，也会受到外界的影响。温尼科特认为，这样的抱持有助于培养孩子容忍和理解情绪波动的能力[13]。抱持的照顾者在抚慰痛苦的同时，也给孩子留下自由行动的空间，并对孩子的行为表现出兴趣，激发孩子对这些行为的来源产生好奇。根据温尼科特的看法，从这种好奇心中，孩子的自主性得以发展。温尼科特认为，一个保持良好状态的人，会发展出坚定的依恋和自主性[14]。

组织与其成员的关系也类似一种半有意识半无意识的抱持环境。作为组织抱持环境的一部分，每个组织成员都影响自身所在的组织，组织也在影响组织成员的行为。当然，在组织设置中没有真正的"母亲"，但组织成员认同"好像"她是真实存在的[2]。

抱持环境可以分为外部抱持环境和内部[2]。

外部抱持环境，是指在"冰山"模型中，暴露在水面之上的，意识层面上物理的或社会学部分环境。这部分组织的抱持环境分为社会和实体两部分。（1）社会部分是指暴露或有意识的部分。它包括正式的结构和战略，领导人或高管团队，组织的任务（即组织存在的原因），各种成员的角色，所有形式的知识和技能，以及成员共享的价值观和态度。对于组织的每个成员来说，这些外部的社会对象被个体成员视为他们的心理财产。（2）实体部分受到领导者或高管团队、政策、结构和战略等因素的影响尤为明显。这一建构的发展过程既发生在意识层面，也发生在无意识层面，并具有理性和情感层面[15]。

内部抱持环境，是指心理部分。这部分是隐藏的、在表面之下的、内在化的，很大程度上是无意识的。它由一个群体、组织或机构成员的主观经验（即关于群体、组织或社会成员的想法）所组成[2]。它们被认为是自我的一部分，构成了个人的基本社会特征。它们与更深的性格层次有关，并从内在客体关系无意识系统的幻想活动中衍生出来，投射到各种类型的外部社会对象上[16]。

组织动力学的观点认为，当一个群体或组织经受相当程度的矛盾和焦虑时，成员利用群体来加强他们的防御机制。群体成员无意识地回到与母亲的早期关系当中去，并唤起所有相关的心理社会机制。群体抱持的环境在深度无意识层面仿佛母婴关系的实体，这意味着成员群体也将同婴儿一样，经历丰富的原始经验[2]。

组织文化在相当大的程度上受到焦虑的影响，导致社会防御的产生。想要在抱持环境中获得足够的"基本信任"并不容易，这可能需要一个相对缓慢和耗时的过程，以带来所需的变化。基本的信任，是组织成员在抱持的环境中不断感知和发展的结果[17]。

信　任

　　信任是一个关系概念，也是一个动态的过程，是根据具体情况而确定的。"信任"是婴儿成长过程中至关重要的因素。从一个依赖的位置开始，母亲提供了一个可以称为"可信框架"的环境，使婴儿能够产生信任和感受到被信任[18]。可信框架的建立，分为三个步骤：

建立信任——创建有利的环境

　　不成熟的做法是把差异分化成好与坏的两极，基于权力寻求更大的影响力，开展家长式的操纵、恐吓、欺骗等。其结果是创建一个加速信任瓦解的环境。与此相对照，成熟的做法是将他人视为可能与自己不同的独立个体，能够与这些不同的人建立合作关系，让相关成员都能通过参与计划、组织和控制自己的任务，来满足他们对自尊的需求。这样，各方都可以发挥重要作用，个人在成长、归属感、自尊、认同和自我实现等方面的多种需求也能得到实现，从而促进信任的环境得以建立起来。

培养信任——希望、乐观和信心

　　在一个充满焦虑的世界里，人们需要的是获得安慰。希望给人们带来的是一种信念，使人们相信有实现目标的意志和方法，从而能够延迟满足当前的需求，忍受当前的不适，期待未来的回报。乐观是一种精神状态，它意味着有一个强烈的期望，帮助人们避免在面对困难时陷入冷漠、绝望或沮丧。当人们对自己有很高的评价，具有高自尊时，他们就会有一种自信，认为自己有能力对外部环境和自身有一定的掌控感。提供一个激发希望、乐观和信心的组织环境，有助于组织中各相关方产生积极互补的感受，促进信任的提升。

发展信任——抱持

任何改变都会造成损失。这意味着将从舒适的、常规的、已知的做事方式中做出改变，必然导致某种程度的焦虑。然而，只要有合适的环境存在，焦虑就可以被控制。一个能够提供一致且持续支持的环境，能够帮助关系中的各方理解他们的世界。所有关系中最突出、最持续有效的方式，是同理对方的情感反应。

米勒将组织中失去信任的关系，称为"失败的依赖"[19]。常见的情况是，新经理不能获得组织的信任，甚至被视为公司内部的敌人。组织发展部门的任务是为信任创造条件，提供透明度，共享业务数据，和更广泛领域的管理者进行联合信息处理，使新经理们获得信心[20]。

虽然信任的重要性在组织文化的构建中被不断强调[21][22]，但伯卡德·希维斯（Burkard Sievers）指出，近年来组织发展领域也存在着这样一种趋势：把"信任"看作一种管理的灵丹妙药，以此作为对管理者所经历的潜在焦虑的一种防御。"信任"被试图用来应付组织内部和各个外部环境中持续存在的问题，掩盖当前迷失方向的普遍现象，以及由此产生的恐惧和绝望[23]。

组织容器

劳伦斯认为，西方工业化社会已经发生了转变，组织不再是工作的容器。他认为，随着信息社会的到来，组织任务已变为可争论的、流动的、不稳定的、边界可渗透的。工作已成为组织的容器，具体表现为：组织成员感觉到被自身的任务、组织变化和随之而来的对工作情况的情绪反应所压垮和淹没[24]。

古耶尔认为,工作不仅是组织的容器,而且已经日益成为个人的"容器"。个体的情感关系是工作生活和工作压力的一个重要特征。组织内部的情感联系需要像管理和组织任务一样。从这一步到赋予个人责任来控制公司的成功,进而控制公司的生存,这只是一小步。能够成功维持公司生存的人,很容易感到自己无所不能[25]。

当一个组织环境不足以帮助员工应对弱点、不安全感和自恋受损时,它可能会产生消极的移情反应,表现的症状为:员工从组织的情感生活中抽身出来,员工将工作视为一场生存游戏[26]。组织动力的理论对组织管理的含义是:不关注组织成员情感体验的决策过程,从某种意义上说,所产生的行动和决策都是由防御性思维所主导的不成熟的结果[27]。克兰兹对此想法有深深的共鸣。他认为,成功源自在相互依存的工作合作中,公开处理经验和情感动力。这有助于协助解决问题,创新和发展。

古耶尔认为,问题的核心在于人们的工作经历是他们与组织体系、自身角色以及个人身份(即他们的自我意识)相关关系的产物。这意味着需要新形式的"情感容器"来应对个人与工作组织关系的变化。这些容器有能力将个人与系统、意识现实与精神(无意识)现实结合起来[25]。

与母婴关系一样,成人也必须与其所生活的群体的情感生活建立联系。这一任务对成人来说似乎是艰巨的。在无意识的深处,组织成员仍然会将群体体验为一个母亲的环境。在这种特殊的情况下,群体或者组织是否能够有效提供容器的功能尤为重要。如果群体和组织可以被打造成一个容器,提供并鼓励与爱、满足和养育相关的深层原始感觉,组织成员作为成熟的成年人,就能够既认同这个群体或组织,又不会丧失个人存在感,也不会牺牲太多的自发冲动。换句话说,就如同母亲抱持婴儿的身体和情感,既能抓住又能放手的感觉。这种"抱持"促进了孩子的心理发展,为孩子学习处理焦虑提供了足够的时间跨度[24]。组织作为容器,也是如此。组织动力学对组织作为容器的强调,与工业与组织心理学对于心理安全感的研究,取得不约而同的结论。

谷歌"亚里士多德"计划

2012 年，谷歌开始了一项代号为"亚里士多德项目"的研究。这一项目致力于探寻哪些因素决定团队的成功。研究人员在回顾了近 50 年来关于团队工作原理的学术研究，分析了谷歌 180 支团队后，逐渐将关注点集中在"群体规范"上。规范即决定一群人行为方式的传统、行为标准和不成文的规定。规范可以是不成文的，也可以是为团队成员一致认可的。规范是团队文化重要的体现。通过对 100 多个团队超过一年的观察，亚里士多德项目研究人员得出结论：理解并改变群体规范是提升谷歌团队效率的关键所在。

研究人员进一步挖掘，哪种群体规范影响最大。项目组识别了数十种看似重要的行为规范后发现，所有好的团队大体有两个共同的行为模式[29]：

（1）成员发言机会均等。研究人员称这种现象为"发言机会分配均等性"。有些团队，完成任务时每个人都会发言；还有些团队随着任务的变化，领导者在成员中转换更替。但无论哪种模式，一天结束后，每个人发言次数大体均等。

（2）好的团队"一般社交敏感性"更高。也就是说，他们善于从他人的语气、表达和其他非言语暗示中知道他人的感受。测量社交敏感性最简单的方式之一，就是向被试展示他人眼睛的照片，然后问被试照片上的人的感觉或在想什么。这个测试即著名的透过眼睛看内心测试。

在心理学领域，"发言机会均等"和"一般社交敏感性"都是心理安全感的一部分。心理安全是指"团队成员持有的共同信念，有利于人际关系冒险"[30]。心理安全是一种自信感。自信的团队成员不会因发言而遭到羞辱、排斥或惩罚。心理安全描述了一种互相信任、互相尊重的团队氛围，身处其中，人们可以很舒服地展示自我。

研究人员识别出谷歌成功团队的五个关键因素[29]:(1)心理安全感:团队成员是否敢于冒险,不必担心不安全和窘迫;(2)相互依赖:团队成员是否能够相互信赖,做出高质量的工作;(3)结构与清晰度:团队的目标、角色、执行计划是否清晰;(4)工作意义:我们所从事的工作内容,对我们个人而言是否是很重要的;(5)工作影响力:我们是否从根本上相信我们所做的很重要。在"亚里士多德项目"中,研究人员指出心理安全的研究对成功至关重要。心理安全感在五大因素中处于基础地位,是其他四项因素的根基。

一个心理上安全的工作场所,是一个真正以包容和归属感为特征的工作场所。在打造心理安全组织的过程中,最重要的一点在于,重塑应对失败的组织文化。在传统框架下,失败被认为是不可接受的;高绩效就意味着没有失败;组织的目标是防止失败;遇到失败,组织成员将失败隐藏起来,以保护自己。而真正具备心理安全的组织,被称为"无畏的组织"[30]。在这样的组织中,失败是各种尝试必然的副产品;高绩效者是快速学习者,能够从众多精彩的失败当中吸取共同的教训;组织的目标是促进快速学习;遇到失败,组织成员采取开放的讨论、学习和创新。

第 **18** 章
CHAPTER

组织战略

亨利·明茨伯格（Henry Mintzberg）在其著作《战略历程》中，介绍了设计、计划、定位、企业家、认知、学习、权力、文化、环境以及结构等十个战略学派，对组织战略的不同理论进行了总结[1]。这些流派当中，没有涉及基于潜意识动力的战略理论。本章将对此作一简要介绍。

在理想的世界中，战略历程的第一个阶段是"感知"，由负责战略的领导者感知机会和威胁[2]。首席执行官以个人的方式对公司的战略形势和实际业务中与战略相关的刺激作出反应。首席执行官的感知会形成对公司战略世界的主观解读[3]。战略历程的第二个阶段是"抓住机会"[2]。首席执行官感知战略形势后，在理想情况下会引发高层管理团队中的对话。在那里，团队的每个成员都对现实环境进行理性分析，形成自身对战略世界的观点。通过对话，管理团队应该对战略现实达成共同的看法。这为制定战略方针奠定了基础[3]。第三个阶段是重新配置资产和组织结构，执行和实现战略[2]。最终创造出企业独特的竞争优势，从而形成企业的绩效[3]。

然而，组织实际的战略历程并非如此理性。

动荡环境与战略历程

组织所面对的外部商业环境充满大量 VUCA（Volatility 易变性，Uncertainty 不确定性，Complexity 复杂性，Ambiguity 模糊性）因素。与战略决策相关的方面，可能包括：（1）谁是竞争对手，谁将是竞争对手，他们将如何反应；（2）如何抓住新的和部分未知的可能性；（3）如何比较各种不同层面的可能性，从而做出决策；（4）战略路径是否成功；（5）由于领域未知，管理团队可能缺乏针对当前形势的具体经验[3][4]。

随着全球动荡的经济环境发展，对环境特征的描述从 VUCA 升级为RUPT（Rapid 急速，Unpredictable 莫测，Paradoxical 矛盾，Tangled 缠结）[5]。战略的因素相互纠缠日益严重，矛盾冲突的特征变得更为突出。由此，矛盾冲突成为战略规划中固有的要素。战略决策和规划总是需要在相互冲突矛盾的选项中进行抉择。战略选择本质上是为外部（甚至是内部）冲突矛盾寻找解决方案的过程[3]。矛盾是战略选择的一部分。接受战略决策中的矛盾，意味着"学会与矛盾共存"，并克服它[6]。

动荡的商务环境中各种未知、矛盾的因素引发人们内在的波动，形成BANI（Brittle 脆性，Anxious 焦虑，Nonlinear 非线性，Incomprehensible 无法理解）的特征[7]。 这些内在的波动，在战略过程中发挥着重要的作用。因此，战略过程并不是一个理性的过程，非理性的底层组织动力影响着战略过程的每一个环节。图 18-1 展现了组织动力在组织战略历程中各阶段的影响。

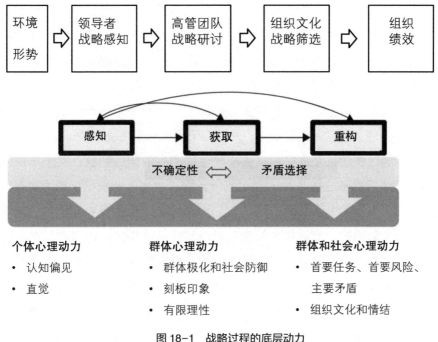

图 18-1　战略过程的底层动力

改编自 Nagel，2016 [3]

领导者的战略感知

由于战略情境具有不确定性和矛盾的特点，恐惧和内部冲突等情绪在战略决策中起着核心作用，并影响战略领导者的个人感知，主要体现在战略领导者的认知偏见、个人启发模式和直觉等方面。

认知偏见在每个决策者身上都很普遍，包括模式识别偏见（有时模式是值得怀疑的，甚至是没用的）；基于行动的偏见（时机不成熟，但已经开始行动了）；稳定性偏见（僵化，耽于改变）；利益偏见（情感偏好影响决策）；社会偏见（用和谐一致替代冲突，来做决策）。

个人启发模式则是在人的一生中形成的个人经验法则。它们依赖于战略领导者的个人成长经历，并伴随领导者的一生不断发展。它可能是简单的规则，比如"无论做什么都要做到最好"；也可能是较为复杂的规则，比如"如果一个人不诚实守信，其他都不值一提"；还可能是实际的战术规则，比如"业务扩展到一个新的国家之前，应当以贸易代表的形式至少运作两年"。个人启发模式的基本特征是，为领导者做出快速决策并采取迅速行动创造了捷径。这些个人规则通常是无意识的，并且会干扰长期战略决策[8]。

直觉是通过快速、无意识和整体的联想所产生的情感判断，属于非理性功能。直觉背后也是一套个人经验法则[3]。每个成年人都根据早期的童年经历发展了自己特定的个人经验法则。它们深深根植于整个身心系统中，对决策风格有较大的影响。直觉常常伴随着对战略决策结果的心理意象所产生的感觉，比如"我想向我父亲证明我是更好的企业家"或"没人可以欺骗我"等。因此，直觉会影响决策者，特别是在不确定的环境中，他们会以允满感情的方式从过去汲取经验和见解，作出判断以及后续行动的决定，或者开发一种创造性的新解决方案。

综上所述，战略领导者在感知外部环境，形成对外部世界的初步战略观点的过程中，可能会受到认知偏见、个体启发模式、直觉等无意识的影响。

高管团队的战略研讨

组织需要选择一套战略来塑造组织的未来。组织通常采取的方式，是由最高管理团队或管理委员会进行战略研讨，最终对未来的方向形成战略决策。但在高管团队进行战略研讨的过程中，由于外部环境的不确定性引发参与战略研讨的领导者个体的焦虑，团队会出现此前章节介绍的群体动力过程等非理性因素，影响战略历程。

在制定战略时，对战略的规划往往超过了对战略的深入思考，这代表着对引发痛苦和恐惧的不确定性进行的一种制度化的防御反应[3]。在群体状态下，组织成员受制于群体的意见，倾向于放弃坚持自己的观点，以免破坏成员之间表面上的和谐，就会导致群体共同作出更为极端的决策，这一现象被称为"群体极化"。组织动力学家识别出导致群体极化的四种因素：（a）合一：群体成员之间希望保持和谐状态；（b）孤立：由于保密需要，不能与群体之外的人讨论需要研讨的战略敏感问题；（c）高度紧张：一项必须迅速作出的决定，其重要性和复杂性使群体成员处于高度压力之下；（d）强势领导：最高级别决策者有一个清晰明确的意见，并以强势的方式表达出来[3]。

很多组织在战略研讨过程中，将理性分析工具置于首位。在赫什霍恩看来，这也是一种防御机制："高风险的战略问题，刺激高管使用更正式的规划方法。反过来，这些方法会导致更肤浅的讨论和更没有意义的决定。正式的方法起着社会防御的作用，以应对战略问题所引发的焦虑。"[9]

高管团队在制定战略的过程中，也可能对手头的任务能否完成充满焦虑。这使高管们不得不将战略规划进行理想化，而贬低战略的执行。这种将战略的规划与执行进行割裂的无意识行为，使他们的工作充满希望，他们的战略规划变得不容置疑，但注定要失败[10]。高管团队在制定战略的规划措施时，通常把组织成员的时间安排联系在一起，排得密不透风，不留下任何吸收恐惧和焦虑的空间，以及从中获得反思发展的余地。这些规划和措施造成了一种局势得到掌控的错觉，潜在的恐惧得到了安抚，使领导者感到有能力采取行动，而且似乎有助于确保业绩上的成功[3]。

此外，刻板印象对战略决策过程也产生重要的影响。固有的定型的观念不仅涉及地域和性别，而且也存在于企业生活的所有领域（行业、企业属性、国家），这就是群体的刻板印象。刻板印象在群体和社会中有一个特定的任务：支持个人通过其作为特定群体成员的身份，来提高他们的自尊。在某种程度上，这是一种分裂的动力，认为他们的群体比其他群体更受欢迎；他们的自尊将进一步增强[11]。与个体的启发模式相似，群体的刻板印象为决策判断创造了捷径，缩短了得出结论或作出决定的时间。大多数刻板印象都是在无意识的层面上发挥作用的。高管团队在制定战略时，也容易陷入群体的刻板印象当中，形成有偏差的战略方向。

组织文化的战略筛选

如图 18-1 所示，战略的执行与实现是在一系列矛盾的首要任务之间进行抉择，澄清首要风险，通过组织文化和组织情结的筛选，最终成功地创造组织的竞争优势并实现战略绩效。这是一个要求很高的过程，其底层伴随着复杂的组织动力[3]。

首要任务的局限

本书第 8 章介绍了首要任务理论。在任何给定的时间，一家企业都有一个首要的任务，即它如果想要生存下去，就必须完成的任务。首要任务是组织原则。为了完成其首要任务，一个组织需要个人和群体承担适当的角色和权力。角色关联性对于组织有效运作非常重要。所谓组织结构，就是以正式的方式来确认这种相关性[12]。

但劳伦斯认为，在应对组织的战略问题时，首要任务理论并没有帮助。因为在战略性时刻，并不存在单一的首要任务。通常实际发生的是，决策者在不同的首要任务之间举棋不定。所产生的焦虑不是由任务引起的，而是由模糊的环境引起的[13]。赫什霍恩认为，首要任务理论不能有效地说明"人员或组织选择哪个首要任务加以关注"这一过程是怎样发生的，以及为什么会发生[14]。当一个组织在面临环境的挑战，要完成其首要任务所需的能力变得越来越复杂时，该组织也将面临越来越大的战略挑战[15]。

首要风险

基于上述思考，赫什霍恩认为，在战略时刻应该考虑的是"首要风险"[14]。所谓"首要风险"，是选择了错误的"首要任务"，即选择了最终无法管理的任务所带来的风险。

赫什霍恩从经典格式塔心理学的视角出发认为，当人们区分图形前景和基础背景时，才能获得稳定的感知。在选择一项任务而不是另一项任务时，人们必须选择使一项任务成为图形前景，成为他们思考和计划的焦点，而将另一项任务作为所选任务的基础背景。放置在基础背景上的任务，其影响不会消失。当人们不能以另一项任务作为基础背景，来完成图形前景任务时，他们很可能会陷入两种错误：首先，他们可能会否认自己必须采取的行动。实际上，他们希望在两项任务之间达成妥协，但无法满足，这会产生与不稳定背景关系相关的混乱。其次，他们可能只关注图形前景，而否认其他任务。

在赫什霍恩看来，风险是企业与环境之间现有关系所涌现的财产。因此，他将这种选择与组织需要做出的战略决策联系起来。他认为，矛盾性在塑造人们应对主要风险的挑战时起着至关重要的作用。在存在矛盾心理的地方，很可能主要风险没有被承担。赫什霍恩建议通过下列四个问题，帮助人们在二元的情境下厘清图形前景和基础背景，作出深入的决策：（1）"现在你想要做什么"；（2）"你如果现在没能完成你需要对自己负责的'那件事'，'那件事'是什么"；（3）"现在尝试完成那件事时，你决定不做的会是什么，为什么"；（4）"你不去做，会有什么风险"。

赫什霍恩建议通过下列五个步骤厘清主要风险的问题：（1）语言化描述和解释实际互动中图形前景与基础背景之间的关系；（2）解释任务在背景中激发的不同感觉；（3）澄清这种矛盾情绪如何破坏前景中任务的性能；（4）帮助服务对象摆脱对背景任务的仇恨或反感；（5）在任务之间建立更重要的背景关系，这具有商业意义，并允许客户适当地同时参与到这两个任务（作为图形前景的任务和作为基础背景的任务）中来。

苹果的战略抉择

在苹果的企业历史上，大部分时间里高管一直在两种公司愿景之间左右为难：是要继续成为一个伟大的"创新者"，还是应该成为一家价格上有竞争力，同时高效运营的主流电脑公司[14]？ 每个首要任务都意味着，随后都会创建不同的业务决策。如果苹果要在价格上竞争，就应该克隆麦金塔什（Macintosh，简称 Mac），放弃它曾经需要用来资助创新的高利润。公司将靠销量赚钱，并通过增加市场份额使其操作系统成为行业标准。如果要继续做创新者，那么它就需要高利润率来资助研发，不应该克隆 Mac。事实上，早在 1993 年，当时的苹果首席执行官约翰·斯卡利（John Sculley）就制订了一个计划，把苹果分成一家硬件公司和一家软件公司，前者生产"盒子"（Mac），后者开展创新软件项目。但这一计划从未实施。直到 20 世纪 90 年代末期，苹果的高管们仍然无法就这一点作出决策。1996 年，他们还把 Mac 的授权给了两家制造商，但后来又撤销了这些授权。面对一个首要风险，他们被陷在两种任务概念之间，因此不能做出一个干脆的业务战略决策。

从历史发展的历程来看，当个人电脑软件模式占主导地位时，苹果很难成为一家硬件商店[16]。当公司过于侧重通过销售产品来满足增长需求时，史蒂夫·乔布斯（Steve Jobs）被解雇了，公司还引入了"专业"的管理层来解决新的首要任务，即满足销售各种价位的 Mac 电脑的需求。

然而，公司发展仍然需要根本性的创新，因为 Windows 的优势不断攀升，Mac 需要引入新的界面模式。于是，伴随着一场强调苹果创造力的广告营销活动，乔布斯重返苹果。这表明苹果仍是一家拥有能力变革计算技术的公司。赫什霍恩在 1999 年预见性地指出："通过重新雇用乔布斯，苹果决定在软件的基础上重新部署业务。这或许意味着苹果高管现在相信，只有在计算领域产生下一个决定性的创新，公司才能生存下去。"[14]

此后的发展，正如赫什霍恩所预料的那样，乔布斯作为苹果公司的联合创始人，也是 Mac 背后的驱动者。只有他才能令人信服地提供必要的权威，让这个全新的东西成为"更好的 Mac"之外的东西[16]。这就是 iPod。之后，苹果又源源不断地打造出了 iPhone、iPad 和 iOS 等一系列令世人眼前一亮的产品。

防御机制

苹果公司在两种首要任务之间摇摆不定的案例表明，这两种战略作为图形前景和基础背景的关系还没有得到澄清。两者相互关联，又互为背景。

当组织无法面对战略的风险所引发的焦虑时，就会形成防御机制。这种防御，通常以道德谴责的形式存在。道德谴责是对于"厌恶我们所珍视的东西"的一种防御。此外，由于这种厌恶情绪被转移而不是被清除，高管们留下了残留的疑虑。这些怀疑的感觉强化了战略的飘忽不定[14]。

乔布斯领导 Mac 开发的过程，充分探索了以创新作为战略方向所面临的风险。这既是一个激动人心的过程，也是一个破坏性的过程。乔布斯通过支持 Mac 团队，从公司划分出一个不受公司规章制度约束的精英群体。他在 Mac 大楼上挥舞着一面海盗旗，在为 Mac 开发人员提供各种资源的同时，对他们时而赞扬时而恐吓。当时的主要高管甚至认为，苹果可能根本无法维持另一场这样的"革命"[17]。

当 Mac 的创新获得巨大成功之后，面临着继续创新还是商业化运营的战略矛盾时，Mac 操作系统在苹果文化中具有了图腾般的特质。即使是小幅度的改进，也会被视为异端，会被站在道德制高点上加以评论。苹果内部有一个术语叫"有 Mac 味道的"，任何修改都要被评论是否有 Mac 味道。道德谴责引发组织的僵化。赫什霍恩认为，这可能就是苹果开发"牛顿"等项目失败的原因。这些努力，虽然也获得了大量资源支持，但由于被道德谴责所制约，没有充分去探索破坏的风险，因此缺乏重点和存在感，最终都黯然收场[14]。

走进矛盾心理

精神分析理论对矛盾心理提出了两种互补的观点：（1）当我们不能承认对某些事物的元素和特征既受到吸引又感到排斥时，我们会感到矛盾；（2）当我们不能为自己必须放弃的东西而悲伤，同时还必须肯定其他东西的时候，我们也会感到矛盾。在存在矛盾心理的地方，很可能主要风险没有被承担[14]。

苹果的领导团队一度被 Mac 的成功困住了，对它的矛盾情绪变得难以想象和难以言喻[16]。他们既不承认自己对 Mac 电脑的热爱，也不承认自己对苹果电脑的厌恶。而这种"不承认"最终成为他们犹豫不决的根源。他们还没有准备好通过放弃创新的历史来结束自己的故事。为了控制这种矛盾，他们建立了一套严格的行为准则。在这套准则中，创新受到了压制。

研究者大胆假设，同样的情况也会发生在 iOS 和大规模生产的操作过程中。乔布斯的继任者蒂姆·库克（Tim Cook）可能引发的最大风险是，在苹果公司打造一个完美的供应链官僚体系。这可能会削弱超越 iOS 所需的创造力和对互动创新循环的保持[16]。

未来

苹果公司经历了史蒂夫·乔布斯"产品创新"的时代，进入蒂姆·库克"卓越运营"的时代。它正设法驾驭领先的创新浪潮和出色的供应链管理，继续乘风破浪前行。苹果 2021 年财年实现营收 3658 亿美元，净利润 947 亿美元，取得了骄人的成绩。同时，苹果一度被微软赶超，失去"全球最高市值公司"的宝座。目前，两家科技巨头相互赶超的竞争正如火如荼地进行着。组织动力学家通过分析苹果公司过山车般的发展历程，揭示了首要风险未被承担，引发组织的防御机制和矛盾感，促进战略历程的波折。对苹果的深入分析，值得进一步观察、检验。

组织文化情结

沙因认为，组织文化是通过经验习得的组织共享的基本假设模式，它代表了组织感知、思考和感受的方式[18]。组织文化影响着组织的战略决策过程，以及战略的执行。因此，组织更应该关注在环境压力下，组织在战略规划和执行过程背后的情感层面因素。

组织文化情结往往是组织共同的创伤性经历（例如投资或产品失败、合并、收购、欺诈）的结果，并通过与受压迫群体有关的压抑和自卑情绪发展而来。组织文化情结在群体或企业层面上激发了与在个体层面上相同的心理防御机制。组织文化情结呈现两极化的特征：一个部分在本群体当中得以表现出来，而另一个部分是投射到另一个外部群体当中去。组织文化情结在一种矛盾的、冲突的不确定性中，传达了一种简单化的安全感[19]。因此，组织战略是靠组织文化情结的筛选而最终实现的。如果不加以承认和整合，企业文化情结可能破坏或阻碍企业所选定战略的实施，阻碍甚至使资产重组不可能发生[3]。

对应第15章中提及的五类神经质组织，凯茨·德·弗里斯[20]描述了每种类型的组织在战略上的特征（如表18-1所示）。从中我们可以看到，组织文化情结对组织战略特征的筛选和塑造。

表 18-1　神经质组织的战略特征

偏执型	
特征	组织将多疑制度化
情结	也许环境的变化（如重要市场干涸，强大的新对手进入市场，不利的政策法规出现）使得组织突然陷入危机，导致关键经理人变得非常多疑、恐惧，失去勇气。 在变化无常的环境里，可以见到很多偏执的组织。

战略	战略以被动防御为主，稳妥至上，而非主动出击，风险要控制到最低水平。因为恐惧，所以不敢创新，不敢冒险，不过分扩张资源。产品创新、市场开发均稍微落后于对手。但对环境较敏感。决策层扫描环境，一旦发现挑战和威胁，就尽最大努力应对。 被动保守的倾向，造成战略既不能全面协调起来，又不能有始有终地坚持下去。战略容易受外部影响，"胡乱应对""走到哪儿算哪儿"，无法形成强大的核心竞争力。 为了分摊风险、减少依赖，产品市场多元化。为了监控各项业务，信息的加工和控制系统越来越复杂，更强化了组织的偏执，最终造成什么都做，但什么都做不好。

强迫型	
特征	组织好像与程序联姻了
情结	通常比竞争对手更强大，在市场上处于霸主地位。但外部环境如果发生重大变化，组织通常会忽视这些变化，就会迅速死去。这个变化往往就是它们自己造成的。
战略	战略制定过程，关心具体细节和既定流程。专门的计划部门中的专业人员，制定大量有关战略的行动计划、预算成本计划、检查点和详细标准。 战略内容以既定主题为基础，具有长期导向。依据自身清晰的定位，而非市场变化来制定战略。战略计划反映自身的核心竞争力。战略清晰而坚定，组织会静心选择目标市场，一旦选定就立足做好，不会三心二意地涉足多个领域。因此，强迫型组织没有企业集团。 随着市场变化，组织意识不到既定主题已变得不合时宜了。由于思想固化，要经过长时间犹豫不决才能下决心彻底变革，发展出顺应时代的战略主题。

表演型	
特征	冲动、极度活跃，胆大得令人吃惊，放纵得令人咂舌。
情结	高层经理人有强烈的自恋需要，渴望受人瞩目，想站在舞台中央向世界展示他们是多么伟大。
战略	战略主题是大胆、冒险和多元化。最高决策层（往往属于企业家）对现实世界视而不见，努力创造自己的环境。他们不断引入新产品、抛弃旧产品。这些举措大都盲目追求"做大"，其目标是无拘无束地成长。 战略既没有全面协调起来，也绝没有始终坚持下去。各种冒险事业很少相互配合，有时甚至相互冲突。组织目标变成引人关注。 组织经常由于最高决策者的喜好，进入一个新市场，又很快退出，进入下一个市场。在这个过程中，多个即将到手的市场利基被放弃了，大量组织资源被浪费，承担的风险可能很大。

抑郁型	
特征	没有活力、缺乏自信、极端保守、"闭关锁国"。极端被动、漫无目的、工作按部就班，不需要个人的主观能动性，组织如一潭死水。

（续表）

情结	盘踞在几乎没有变化的狭窄市场：处于极端稳定的环境，具有悠久的历史，服务于成熟的市场，采用同样的技术和竞争模式，满足一成不变的客户偏好。
战略	产品和市场一成不变。组织从不明确考虑战略问题。组织死气沉沉，无心考虑战略问题。组织不是努力适应、成长，提高有效性；而是静止不动，或被动变化。 管理者把注意力放在组织内部，很少收集外部环境信息。高层经理人既没有目标感，也对组织漠不关心，因此根本不想给组织任何清晰的定位和目标。
淡漠型	
特征	组织没有目标，四分五裂，偏于保守，只能发生渐进、零散的变化。
情结	也许高层经理人经历过失望，他们没有安全感，沉默寡言，态度不明，认为大多数关系都会以痛苦收尾，结果他们以白日梦来补偿所欠缺的满足感。他们显得对组织不感兴趣，立场不坚定。
战略	第二层经理人为了赢得最高经理人的青睐而钩心斗角，导致组织没有全面协调的营销战略。 战略与其说是对外部关键威胁和机会以及内部关键优势和劣势仔细权衡的结果，不如说是各有所图的人进行权力斗争的结果。

战略历程的优化

综上所述，组织战略过程的各个环节都受到潜意识的影响。如何优化战略过程，成为组织需要思考的问题。

从高管个体层面看，战略领导者需要了解自身内在心理状态（如无意识的偏好和回避、潜在的情绪等）对战略感知的影响，特别是负面情绪的作用，如动荡的战略形势导致的恐惧和焦虑，引发的个人防御机制、认知偏见和个人启发模式。这些模式是不容易被发现的，甚至可能会激起领导者自身否认和拒绝的反应。因此，领导者需要通过自我批判、自我认知和自我反思，以第三方的视角重新审视领导者的战略感知，来质疑个人的视角、感知和思考的结果。这对首席执行官尤其重要，因为他是战略历程中的领军人物。如果没有这些知识和整合，对机会和威胁的看法很可能会扭曲现实[21]。

从高管团队的层面看，为了发现高管团队各成员个体出现的心理防御，高管团队必须建立一个特定的工作环境，以抓住战略机会、规避战略威胁，并作出战略选择。这一特定的工作环境，被称为"战略思考空间"。在战略选择之前，高管团队在这个战略思考空间中，以一种情感开放、共情和尊重的方式，分享和讨论：（1）对战略相关事实的不同理解；（2）个人和群体的解读；（3）这些解读背后潜在的假设；（4）如何看待和评估现实与未来发展；（5）理想的情况下，在最后能够形成共同的信念；（6）从而导出组织的战略选择，以及由此产生的共享战略地图。在这个过程中，高管团队同时在发展团队层面的悖论思维能力和有效创造战略反思空间的能力，因为制定战略是克服社会防御可能对管理团队造成的负面和潜意识影响的关键[3]。此外，尽管战略规划通常采用正式组织系统，但高管团队同时也必须在一个非正式的网络中进行战略讨论，旨在破坏那些组织固有的层次结构的影响，从而增强组织系统在战略上的创造力和可变性[22]。

从组织层面看，资源重组和战略实现能否成功，在很大程度上取决于高管团队和组织能否作为一个整体，来处理"稳定与变革"这一对基本张力。上述个体和群体层面的所有关键要素都是有利于战略成功的因素。此外，具有内省和反思功能的战略对话也有助于战略变革和资产的重新配置。这就要求组织能够积极思考组织文化情结，直面首要风险，并积极处理战略困境。这也意味着，要在组织中积极地建立反馈回路，以确保变革阻抗和组织的社会防御能够在早期就被察觉并得到回应。只有在对变革的情感阻抗和无意识阻力还没有强烈到难以克服的情况下，才有可能对组织资产成功地进行重新配置。在这个层面上，积极应对和整合因动荡的未来而产生的恐惧和焦虑，也是一个关键的成功因素[21]。

第 **19** 章
CHAPTER

评价与反思

评 价

组织动力理论将精神分析与开放系统理论相结合，非常关注构成组织的个体和群体，以及群体中互相联系的个体所产生的无序动力。因此，这个理论既关注宏观，又关注微观；既能正视有序动力，又能正视无序动力。前者等同于成功地适应环境，后者则是这个过程的一个障碍[1]。

加雷思·摩根（Gareth Morgan）将组织动力的视角称作"组织是心灵监狱"的比喻[2]。他指出，从组织动力视角研究组织具备四点优势：

一是挑战关于观察和体验这个世界方式的基本假设。

组织动力方法提供了一种方式，让我们能够从群体思维和心灵陷阱之中解脱出来。这些群体思维和心灵陷阱可能把组织及其成员禁锢于无效和不合理的行为模式中。

二是将"非理性"置于新观点之中。

大量组织管理理论试图为管理者提供竭力消除或控制不确定性的方法和技巧，并将管理置于理性和客观的基础之上。组织动力视角揭示了上述这种观点的不平衡性，并引导管理者将更多的关注点放在理解和发展理性与非理性之间的关系上，两者都是同一现象的一个子部分。

三是管理者被鼓励整合和管理竞争性焦虑，而不是允许单一方面占据主导地位。

组织动力的视角鼓励管理者理解理性和非理性之间的张力，并寻求实现更好的整合与平衡的方法。这对于处理来自动荡商业环境的挑战具有重大意义。更有意思的是，组织中帮助创造整合与平衡的力量，恰恰来自大多数组织中被压抑的"阴影方面"。

四是伦理管理要求的新因素。

组织管理越来越强调人性的特征。组织动力的视角系统地揭示了组织中的心理原型和社会防御机制，深化了管理者对组织和个体深层本性的认识，提醒管理者反思是否在"危险的伦理地带"行走。

组织动力理论强调无意识过程、焦虑的影响和防御性、攻击性行为出现的可能性[1]。劳伦斯·高尔德（Laurence J. Gould）等人指出，每当组织发展顾问在工作坊中就社会防御进行工作时，无疑会带来更大的风险。例如，活动现场可能会崩盘，某种解释可能不合时宜，抑郁的感觉可能会让学员思考和行动偏离轨道。这种在工作坊现场表现出来的风险，是公开的。经过顾问与学员的工作，人们可能会更紧密地联系在一起。此外，无论何时组织发展顾问就社会性防御进行工作，都是在复制一种更广泛的风险，即群体会逃避为生存而必须完成的工作。这种风险是制度性的、封闭的、隐秘的。组织动力方法对此提供了一种纠正方法，通过关注权威、行动和现实之间的联系，帮助组织发展顾问和客户一起认识和面对之后一种，与其工作相关的真正风险[3]。

高尔德等人指出，组织动力关注群体关系，对于组织发展从业人员的价值在于：（1）增强组织发展顾问对无意识团队和组织过程的敏感性，尤其围绕边界问题（任务、角色、团队等），以及权威关系中强大的非理性方面；（2）促进组织发展顾问的情感反应（如反移情反应）的意识，并以此作为理解他们与客户系统的关系和关联性的工具；（3）增强组织发展顾问在恰当时刻，选择性地采用此时此地的解释立场的能力；（4）培养组织发展顾问"为客户提供从自身体验中学习的机会"的信念，这是过程咨询的基础；（5）为从业者提供一个设计得当的概念框架，实施咨询活动和干预措施[3]。

组织学习是组织动力研究和贡献的重要组成部分。组织动力的目的在于加强各组织的能力。学习成果不像其他类型的培训那样，是被规定的，而是自我指导的。学习的重要性不在于离开的时候多知道一项事实，而在于离开的时候，多知道一件在团队中对特定的人员来说很重要的事情。这样做的好处是，加强了团队作为一个整体的互动和直觉。这些场外的经历，帮助每个人探索他们的行为、焦虑和防御，这些都会在他们的正常团队活动中发挥作用。整个体验的预期结果是：群体成员可以随着时间的推移，发展自然学习的能力和以安全开放的、非防御的方式，彼此进行沟通和协商的能力，使组织成为更广泛更有效的系统[4]。

争 鸣

对于组织动力理论，不同的研究者也有不同的视角和观点，引发了诸多争鸣和探讨。史黛西认为，比昂的群体观本质上是一种消极的观点。在这种观点中，个体与他们的群体性处于战争状态，不断处于被原始群体过程压倒的危险之中。要理解真正的群体过程，还需要引入西格蒙德·福克斯（Sigmund Foulkes）对群体生活乐观的立场[5]。福克斯将群体及其学习和行为改变的潜力理想化，认为个体在群体关系中发生改变的可能性很大。福克斯把重点放在网络上，或者说语言和非语言交流的矩阵上。它们作为一个群体出现，并发展成关系模式。这个矩阵反过来又影响个体的功能。与比昂强调的分裂和投射过程不同，福克斯还指出了创造和转换的人际过程，如镜像、肯定和共鸣。福克斯认为当人们不知道他们在人际关系中所做的事情时，这些事情使他们能够把焦虑作为潜在创造性事物出现的前奏。这意味着对群体和组织关注的重点从组织中关系阴影方面的自组织、涌现的特性，转向了对新颖性和创造性潜力的关注[6]。

此外，米勒和莱斯经典的组织动力模型认为个体是一个开放的系统，每个个体都有自己的边界区域，因此组成了群体，群体也被认为是一个开放的系统，有一个可渗透的边界区域。企业是一个开放的系统，与其他开放系统中的个人和群体相交互。这种跨系统的观点，鼓励人们把重点放在向企业提供角色的人，与为了生存而要求人们履行角色的企业之间，以及企业内部上下级之间的相互依赖关系上[7]。而史黛西从复杂系统的视角出发，认为人是相互作用的。每个人都以一种循环的方式影响着其他人，而不一定仅仅是上级与下级之间存在这种影响。从这个角度出发，作为代理模块的个体并不是向另一个称为企业的系统输出角色或破坏性行为。相反，作为代理模块的个体，在他们自己的本地层次上，就以一种自组织的方式相互作用，企业整体系统由此而产生。反过来，这又影响作为代理模块的个体的行为。这是一个相互共同创造的过程。因此，史黛西倾向于将组织视为一个"复杂的响应过程"[1]。

杰克斯认为，之所以有功能失调的组织，并不是病态心理力量的反映，需要用精神分析的理念和方法来解决。真正的原因在于从来没有一个恰当的基础来理解组织本身。杰克斯所说的组织并不仅仅指一群人，而是指一个相互关联的角色系统，有明确或隐含的相互责任和权力。所有的人类关系都发生在这样的角色关系当中。大多数商业公司和公共及社会服务机构完成工作的管理雇佣关系，靠的是层级结构。它们的问题不是内部个人问题投射的结果，相反，这些张力是未能规定和建立清楚的管理人员和管理概念、层次结构、横向角色关系的责任和权限的结果[8]。

杰克斯尖锐地指出，心理分析的洞见并没有，也不可能产生组织知识和智慧[8]。组织动力学家混淆了管理层级中的两个问题：一方面是独裁和独裁行为，另一方面是权威和与明确等级职责相关的权威行为。部分组织动力学家呈现出的对个人权威及其对责任的厌恶，导致许多实践不仅无效，而且实际上破坏了工作系统中领导者重要的责任，如不加区别的授权、群体决策，功能上自治团队合作，以及其他工作民主化的实践。杰克斯认为，这些实践更像政治程序的表达，而不是发展良好的组织系统的严肃尝试。

因此杰克斯指出，迫切需要的是追求获取有关组织本身的知识，以提高能力去优化组织系统设计和工作关系改善，而不是在工作中偏执地加上一种公平待遇和个人成就感。杰克斯提倡"必要的组织"，即组织体现真实本质所要求的必要意义[9]。

针对杰克斯的反思，组织动力学家吉利斯·阿玛多（Gilles Amado）予以回应[10]。阿玛多认同，在组织、社会领域中所做的大多数组织动力分析解释，都可以成为工作假设；但仍有待与所在组织领域中相关联的数据和方法相结合，进行进一步检验分析。如果不慎重使用分析结果，盲目地将知识从一门学科迁移到另一门学科，是一种科学上的欺骗。

但阿玛多认为，杰克斯全面否认组织动力知识对组织潜在的益处，是"将婴儿和洗澡水一起倒掉"。他认为，任何一种社会制度或组织结构都有心理需求。在对组织的研究中，组织动力分析已经提供了足够的证据，证明无论领导者作为个体，还是组织作为群体的精神生活、幻想和与环境的互动方式，都对组织起着重要作用。但困难之处在于，组织动力本质上同时关注潜意识现象和组织环境（如任务、结构、战略等），并探索它们之间复杂的关系。而潜意识，并不遵循最佳设计的路径而存在，它会出现在组织的缝隙之间。精神分析仍然是探索潜意识过程最佳的理论。而组织动力方法所面临的真正问题是，找到最好的方法来对精神分析与其他学科（如认知科学、管理学、社会学等）进行整合分析。

摩根提出组织动力视角可能带来的风险[2]：

（1）可能过于强调精神过程的作用。

组织动力视角可能过于强调维持及改变组织和社会的精神过程的作用，而存在缺陷。因为人们实施的利用和控制不仅仅居于对观念、想法和感觉的控制，也常常基于对生命物质基础的控制。

（2）可能低估了既定利益方维持现状的力量。

组织动力视角对于挑战管理者想当然的思维，和更好地理解变革的心理动态有所裨益。但它的很多含义忽略了权力的现实和既定利益方的力量，容易催促生乌托邦式的推测和批评。

（3）存在着利用潜意识获取好处的风险。

组织动力视角虽然促成了批判性思考的风格，并促使管理者具有洞察组织活动众多复杂性的意识，但没有提供更多的问题解决的简单答案和方法，存在着促进管理者寻找管理潜意识的方法，获取个人好处的风险。

与科学范式的握手

　　组织动力的理论，较多采用"临床范式"[11]。这一范式，来自心理咨询与组织管理的结合。随着时代的发展，组织动力的"科学范式"也在逐步成长和发展。组织动力强调无意识的动力过程，脑科学和神经科学家正在通过现代科学的范式研究人类无意识的过程，逐步实现不同研究范式的握手。在此，仅撷取几项研究，作一简单介绍。

　　科学家们就养育环境对个体人格的影响进行了深入研究。研究发现，每个人童年的经历影响其脑的电—化学模式，进而塑造每个人独特的思想和情感[12]。例如，患有抑郁症的母亲，在孩子养育过程中产生的思想和情感会造成孩子大脑右侧额叶测量出特殊的电—化学模式。在 6 岁前在气氛紧张的家庭中成长起来的孩子，其身体内皮质醇水平会发生异常。那些偶尔遭受身体虐待的孩子，成年后皮质醇水平过低，造成应激系统关闭，对引发战斗/逃跑的外界刺激感到麻木。那些遭受过多种虐待的孩子，成年后皮质醇水平过高，长期处于战斗/逃跑应激状态，随时准备对外部刺激做出迅速反应。童年遭受过性侵的女性，长大后其大脑下部海马体的体积比正常女性小 5%。

　　此外，在个体方面，压抑是一种无意识地将不愉快记忆推出有意识记忆的防御过程。但压抑的欲望可能通过一系列无法用语言表达的身体症状而表达出来，如紧张的咳嗽、口误（无意中透露了隐藏的动机）、梦境等。科学家[13]用电极刺激被试脑神经的初级体感皮层，一般需要 200～500 毫秒（UTD）激活神经才能产生有意识体验。而当被试处于压抑的无意识防御倾向时，则需要更长时间，甚至达到 750 毫秒。这表明无意识防御机制有其神经系统的生理基础。

　　在群体的身份认同感方面，科学家们[14]将人群随机分成红队和蓝队，两队成员进行频率相同的手部运动。被试被分在红组，并被要求评估两组成员的手部运动速度。被试倾向于认为组内成员的运动速度高于组外成员。科学家们发现被试这种由身份认同感造成的无意识偏差，与脑的左下顶叶活动有关（这个区域将动作的视觉表征转化为运动系统的社会认知编码）。相关试验表明，群体的身份认同感和忠诚度等社会构建因素，有其神经系统的生理基础。

　　上述实验仅仅是脑神经科学家对人类潜意识进行的众多探索中的几例。这也说明组织动力理论所涉及的个体、群体、组织层面的潜意识有其生理基础，可以与科学范式形成合力，深入探索组织底层潜在的动力系统。

　　虽然将自身的研究范式与其他范式区分开来，也可以被视作一种防御机制，以强化某一范式内部的稳定性，但正如阿玛多所建议的，多种范式的相互握手促进了系统边界的开放和相互渗透，有助于我们对人类组织系统有更为深入的研究和认识[10]。

第五部分

案 例

第 20 章
CHAPTER

边界模糊的部门

背 景

组织动力学家列奥波德·范希纳（Leopold Vansina）被邀请对某公司的一个部门进行咨询。这个部门是公司规模最大、利润最高的部门。总经理是一位新生代的高管。总经理和管理团队等了几年才组织了一次 OD 研讨会。他对自己在团队中的地位仍然有些不确定。他在公司的不同职能领域和不同层级都担任过职务。高管团队由 10 名总监、2 名经理和 1 名秘书组成。在重要的问题上，他会去咨询他的团队，随后他会把团队成员的想法和情感反应记录下来。在做出最后的决定之前，他会亲自把他们的担心过一遍。他认为这个团队在做决定和管理方面似乎有些困难。在他对整个业务部门足够熟悉之前，总经理希望保持这个团队的规模。然而，所有成员有一种普遍的感觉，即团队的工作没有达到应有的水平。团队成员加班工作，几乎要精疲力尽了，但他们仍以公司名义，而非高管团队的名义，努力工作着。兄弟团队成功地处理了一个全国性的商业问题，使这种感觉更加强烈。

在第一次顾问参与的会议上，给顾问的印象是，一些关键的管理角色之间没有足够的空间，出现了太多的重叠。顾问与总经理讨论了这一印象，并建议可以先确定业务部门管理团队的任务和职责。在开始采取任何行动之前，顾问邀请每名成员进行单独面谈，听取他们对团队在组织中的工作方式的看法，并与他们建立工作关系。访谈获得了丰富的信息和洞察：

业务单元作为公司内部的一个系统

- 内部培训计划和管理发展机制，使组织的边界具有高度渗透性。创始人暨董事会主席成立了一个名为"探索未来"的委员会，邀请所有业务部门的高级经理和整个公司的董事会成员一起参加。这个委员会每年召开三到四次会议，持续运转。

- 公司人力资源总监和财务总监亦是被咨询的业务单元管理团队的成员。

- 董事会主席定期与各业务单元的高级经理进行个人回顾。内容超越了对职业期望、机会和能力发展的理解，涉及他们对业务的个人看法。

- 创始人所创建的开放交流政策得到了维护。每位高级经理都能直接接触董事会主席。

- 各位高级经理对于管理团队的任务存在巨大的分歧。

业务单元的管理团队

- 来自"探索未来"委员会的有趣想法在40多个项目团队中得到进一步发展。这些团队的成员来自业务单元的更底层，被称为"持续变革孵化中心"。大部分中心都由各总经理担任主席，各个中心向他提供有关公司底层所存在的问题的信息。

- 其中一位总监管辖的两名经理被任命为管理团队的成员，从而消除了等级差异。

- 总经理定期与管理团队的成员举行个人会议。

- 总监、经理被要求具备"居家风格"，要学会接受模棱两可、不确定、越界和公开对抗的情况，而不必太重视社会地位，而应重视关心他人。

顾问团队从管理团队内部的访谈和讨论中观察到的情况，清楚地反映了这个组织的环境。团队成员必须投入大量精力来维护个人角色边界，以确保他们相对的自主性。尽管人们不能在公司内部清晰定义业务单元的任务，但人们没有有意识地体验到，公司缺乏"围绕业务单元的边界管理"是一个问题。因此，作为一个组织单元，管理团队在组织中缺乏坚定的认同感。总监和经理仅在各自的职能角色上，而不是作为决策管理团队的成员，得到认可。管理团队缺乏边界，被认为是"居家风格"的一部分。成员们没有意识到，为什么他们必须投入大量的精力来维持他们作为角色，以及作为一个个体的自主权。在团队中，当他们的同事对他们最小的职能和角色边界不尊重时，他们必须保持关注，并要求公开抗议的权利。在他们的抱怨中，"个人边界"的问题也被直抒胸臆地表达出来。他们抱怨公司"征用"了他们的私人时间，难以通过电脑系统安排自己的工作日程。

干　预

在随后与总经理的会议上，顾问团队讨论了这些主要发现。然后，双方开始明确公司各业务单元管理团队的任务、职责和责任。当这一点得到澄清后，双方定义管理团队中必要的角色。顾问团队为高管团队举办了为期两天的工作坊。工作坊获得的成果包括：

● 定义了管理团队的任务、职责，允许他们绘制职务和责任边界，同时接受信息边界的交叉。

● "居家风格"被谨慎地作为一个关键的成功因素。

● 团队强调，公司人力资源总监和财务总监必须首先向业务单元汇报业务单元存在的问题，然后才能在董事会中使用这些信息。

● "持续变革孵化中心"是创造和支持"变革过渡"的宝贵工作方法。

●管理团队被重组为一个核心管理团队和一个扩展管理团队。后者有时会召开会议，讨论需要广泛参与和承诺的问题。

●改变了电脑的工作日志系统，允许经理为自己留出更多时间。

●已采取步骤减少加班，并推动一定程度的居家办公，从而减少通勤时间。

几个月后，核心管理团队与扩展管理团队组织了另一次为期两天的工作坊，为他们的业务部门制定战略目标。其结果被交给公司董事会主席，随后获得批准。在战略会议上，顾问随口说出了团队缺乏热情的问题。几个月后，管理团队专门请了一周的假，与引导师一起进行团队建设。

分　析

范希纳指出[1]，从这个例子中可以注意到一些要点。首先，如果顾问接受了最初的表面请求，可能就会抓住人际和团队问题，而忽略了基本的组织问题。这些问题包括：业务单元在公司中的定位问题；管理层作为一个团队，共同定义核心任务的问题；以及战略制定的问题。其次，战略建议允许他们将自己与其他业务部门区分开来，并确认自己的身份，以及与董事长的关系。加强其边界有利于发展适合于执行其战略的系统特征。因此，它将在不同的业务单元及其各自的产品技术市场之间产生差异。业务部门之间的交叉协作可能会变得更加难以管理，但这家不断壮大的公司也由此获得更多的好处。再次，在这个灵活的组织中，"居家风格"的文化被视为关键成功因素，已经渗透到整个组织当中。但问题是，在这种文化中，什么才是对公司内每个业务单元的进一步发展都有益的，值得深入思考。最后，这两个工作坊所做的组织工作，并没有妨碍团队一级的工作继续进行。这说明"加强边界"是组织能够适应的变革。

第 **21** 章
CHAPTER

被收购的微观公司

克兰兹介绍了一家公司的组织变革案例，说明高管们对股权结构变化的强烈反应如何导致分裂和投射的过程，从而使下属员工"承载"了这种强烈的愤怒和不满。

背　景

这家名为"微观"（Micro）的公司，为某大型出版公司开发教育软件。这家公司的产品享有很高的声誉。 同时，公司能够使用自身开发的复杂的专有搜索引擎，以灵活的方式，及时交付大型定制化程序。在财务上，这家公司做得非常好，收入大幅增长。公司在保持其软件平台的同时，设法将利润提高到行业内最高的水平，这需要不断发展的软件工程能力来保持技术动态环境。

微观公司由一批教育工作者创立，非常强调其教育内容的复杂性。正如成功的初创企业一样，创始人让公司充满激情。微观公司已经发展了一种愉快和有吸引力的工作文化，带有许多硅谷公司特有的非正式、睿智和活跃的氛围。办公室里既轻松又舒适。年轻的工作人员充满活力，聪明而有才华，在对组织教育使命的强烈献身精神的基础上，有一种对自身能力的极大自豪感。

市场上有另外一家更大的软件开发公司，徽章公司（Emblem）。该公司为了拓展自身的发展，对微观公司进行了收购。微观公司的管理层面临着将组织转变为新公司的一个部门的局面。在徽章公司看来，虽然这个新的部门也是开发教育软件，差别只是为儿童开发教育软件，并面向零售市场销售而已，而非像微观以前那样为大型教育出版公司开发定制化程序，但是从结果上看，这样的软件开发实践与微观公司原有的业务有着根本的不同。

微观公司的经理们积极参与了徽章收购其公司的过程，还签订了收益丰厚的雇佣合同。整个团队都坚守岗位，并承担起责任，将微观公司成功地转变为徽章公司的一个部门。虽然管理团队担心加入一家规模更大，而且业务重点不同的企业，工作会受到影响，但他们仍然被潜在的经济回报和作为大公司一部分所提供的机会所吸引。

徽章公司的运营和管理人员都迫切希望使微观公司的运营方式发生转变，与徽章公司保持一致。他们尤其觉得微观公司原来的"精英"定位太过头了。与大型教育出版公司相比，零售客户对教育节目的教师范儿和理论完整性不那么感兴趣，他们更感兴趣的是节目所产生的兴奋感和趣味性。同样地，徽章公司仅仅把微观的搜索引擎视为另一个交付系统。徽章公司对于拥有或维护一个昂贵的专有平台不感兴趣，因为他们不认为这是徽章在市场上一个差异化竞争的要素。

随着整合工作的开始，微观公司的高管们收到了一些信息。这些信息传达了徽章公司的商业视角，对他们的身份认同感和自尊的来源构成了挑战。徽章公司不仅不重视微观公司的教育和工程水平，而且以徽章公司高管对微观公司功能的了解，他们相信这些品质只会适得其反。对徽章公司的管理人员来说，在教育的精细化和专有平台上的投资看起来就像是系统中的"脂肪"——对最终产品的价值而言，是增值很少或毫无增值的不必要开支。

参与这一变革的微观公司工作人员在个人和组织两个层级上，其身份感都受到明显的威胁。例如，微观公司高管人员面临着从精英创业型软件开发公司的高层管理者，到大众市场软件公司的中层管理者的转变。此外，另一个例子是，开发工作的重点，从原来关注复杂的、完整的、教师范儿的，以及与最前沿学习理论保持一致的教育应用，转移到关注市场的吸引力、开发周期的速度和效率上来。

随着整合工作的深入，徽章公司管理人员期望微观公司在组织方面作出诸多改变。比如，希望微观公司的程序员和开发人员能够更系统地安排他们的时间。以前开发人员会记录自己的时间并灵活管理，现在徽章公司管理者希望他们能够确保自己每周至少有 40 个小时的工作时间，而不是像以前在微观公司那样，积极灵活地与客户联系，签订合同。新的制度是由原微观公司的管理人员强制推行的。与此同时，他们否认对此负有责任。实际上，他们告诉下属工作人员："是徽章公司让我们对你们做出了这些可怕的事情。"

顾问应一名原微观公司运营团队成员的邀请，进入这个系统，以帮助他们思考如何解决他们在工作中发现的"士气"问题。负责编程的技术副总裁，介绍了最近与他们最重要的客户所进行的一次会面，结果非常糟糕。来自客户的负面反馈，使得项目团队士气又一次受到打击。客户不仅对工作的某些方面不满意，而且在会议期间也感到愤怒和对抗性。会议结束得很糟糕，没有任何解决问题的意识，也没有为更积极地解决问题奠定基础的那种对话。随后，负责技术的副总裁谈到，他和他的首席工程师在这次会议上未能就技术问题达成一致意见，并在会议上。把这种分歧暴露在客户面前。实际上，他们都试图通过让客户与自己的立场保持一致来赢得胜利。技术副总裁对他和他的同事，以如此原始和最终具有破坏性的方式将这一未解决的冲突直接暴露在客户面前，表示惊讶和好奇。对他而言，这样做是毫无意义的，因为这太不符合他的性格了。他认为自己有很强的管理技能。若是在以前，他会在适当的时候创造性地解决这一冲突。

几个月后，原微观公司的管理团队只剩下了两个人。其他人带着一些员工，加入了微观公司之前的一家大客户公司。这家公司试图创造一种开发环境，与微观公司被收购之前占主导地位的价值观和方向一致。剩下的管理人员和其余的工作人员成功地在徽章公司中找到了各自有意义的角色。

分　析

　　克兰兹分析指出[1]，原微观公司的管理团队无法承受被另一公司收购的内疚和自责，于是采取了防御式的分裂，把新的徽章公司领导层描绘成卑鄙、冷漠的人，而他们自己却富有同情心和忠诚，尽管他们也是不幸的受害者。

　　通过推卸自己的责任，原微观公司的管理者得以将员工的愤怒转向对新徽章公司的所有者，并与他们保持表面上的团结与和谐。原微观公司的管理者否认自己对收购后应有的转变负有责任。他们对这场收购感到愤怒和贬值感，却以各种方式对这些感受加以防御，导致了客户界面上功能失调的冲突，并使得开发人员的士气丧失殆尽。

　　在顾问看来，团队与客户的冲突是解决问题的重要线索。原微观公司的管理团队认为，这虽然对已经加剧的士气问题产生了有害的后果，但只是一个简单的小故障。而在顾问看来，这个会议是组织功能障碍的表现。从某种程度上说，微观公司管理人员情绪上的退行，导致指挥链路的死亡，从而损害原微观公司管理人员的工作能力。此外，绩效问题和功能障碍的模式，被框定为员工的"士气问题"，仿佛不安和退行就仅仅存在于员工之中。

　　克兰兹认为，这并不是说"士气问题"不存在，许多员工对公司的发展方向确实不满意。然而，更可能发生的是，原微观高管将自己分裂的无力感和绝望感投射到员工身上，放大了存在的"士气问题"。由于严重的分裂和投射会使一个人潜在的有用情感资源被耗尽，所以原微观公司管理者在他们自己和他们的员工之间经历了一场情感的死亡。原微观公司管理层操作并入徽章公司的情感后果，对团队来说是毁灭性的。他们采取原始的防御手段，以应对他们在合并中所扮演的角色所引发的愤怒、贬值感和内疚感。

伊顿公司的宏大变革

克兰兹分析了一个宏大式变革的案例[1]。在这一案例中呈现了原始变革中的一种类型，即宏大式变革造成困境，也展示了咨询顾问从组织动力视角对此进行的分析，以及顾问如何把自己作为工具来感知组织究竟发生了什么。

背 景

伊顿是一家主营金融服务的公司。信息管理对全球交易业务的成功至关重要。伊顿的 IT 部门被认为是华尔街最成功、最令人羡慕的公司之一，其年度预算接近 10 亿美元，在全球雇用了近 2000 名员工。

尽管取得了成功，但要求 IT 部门开展大规模创新的呼声越来越高。这背后有三个因素：首先，最直接的压力来源是公司业务部门对 IT 的成本、响应能力不断增加的不满。其次，高层认识到，信息技术的转变将在很短的时间内完全颠覆现有应用程序开发的安排。使用新出现的软件体系结构和工程方法来维持对业务单元的相同服务水平，将需要大幅度提高支出，除非它采用更符合新兴技术的全新应用程序开发方法。最后，由于信息成本实际上处于快速下降的状态，长期前景引发了有关先进信息技术对支持交易价值的更深层次问题。事实上，长期行业观点预测，作为当前业务支柱的金融交易产生的回报将不断递减。即使是现在，许多主要的合并、兼并和收购都是由这种逻辑驱动的。

该公司一直对无法有效应对这些担忧而感到沮丧。该公司的领导未能制定出令人信服的想法或计划来应付这些日益严重的压力。IT 部门被认为是昏庸、臃肿、反应迟缓的，很大程度上是受到惯性和既定程序所驱动的，而非受业务逻辑或战略目标所驱动的。该公司的董事长本人，也承受着来自业务部门越来越大的压力，要求其采取行动。他让伊顿历史上最成功的交易员之一，泰德，来负责 IT 部门。他希望通过将这个部门置于业务人员的管理之下，该部门能够与业务部门更加一致，并更紧密地按照公司核心业务的需要和愿望进行管理。

虽然 IT 部门新的领导没有管理经验，但他是一个杰出的商人，享有很高的声誉，而且是利用新技术在竞争中获得优势的先驱者。在 34 岁的时候，泰德已经积累了大量的财富，在这个世界一流的公司里获得了很高的地位，他的职责是把 IT 部门变成一个更有效率、反应更迅速的部门，并随时准备应对证券行业信息技术面临的新挑战。

泰德上任后着手改革这个部门。在组建新的高管团队过程中，他从行业领先公司所进行的那些开创性实践中，收集最佳实践；形成由标签、描述性术语和短语构成的"愿景"；并开始提出自己关于往什么方向进行变革的想法。事实上，对于绝大多数 IT 专业人士来说，他所描述的愿景在很大程度上是令人难以理解或困惑的。虽然泰德对未来的设想，在伊顿的 IT 专业人士看来没有可信度，但他和他最亲密的同事认为，员工缺乏理解力和参与不足是一种落后的思维，是抗拒和破坏。

新的管理团队，为部门要被打造成尖端组织的宏大未来而兴奋。但他们发现，很难让别人加入自己的想法当中来。为此，他们也产生了强烈的沮丧感和愤怒感。IT 部门由高度自治、松散耦合的开发小组组成，像业务单元那样，层层授权和担责的途径几乎不存在。此外，与业务部门不同，IT 部门的工作需要复杂的协作和不同功能的复杂集成。激励机制完全以管理者地位体系为中心，而不是以任务体系为中心。向下两级的员工中谁应该晋升，是由每个级别的管理者决定的。这就造成了一个严重偏离任务和职能要求的组织环境。对于初、中级专业人员来说，情况变得越来越混乱和危险。那些与泰德一起努力改变现状的初级员工，则受到了中层管理者在晋升上的严厉惩罚。这些中层管理者仅关注现状，从未在情感上赞同过泰德提出的愿景。

　　泰德的主要工具是质量小组。这个小组以前的功能是处理质量管理问题，例如软件测试和向开发人员小组讲授项目管理技能。这是一个很小的、地位很低的小组，由德里克领导。德里克是泰德为了这次变革请来的总监。他将带领整个团队进入一个新的领域。和泰德一样，德里克也是一名成功的交易员，他没有管理或 IT 方面的经验，但他精力充沛，充满好奇心，雄心勃勃。

　　泰德和德里克采用的组织变革"理论"，很大程度上是激发式变革：质量小组首先会将自己转变为一个前沿组织的化身，而质量小组的清晰度、力量和创造力将对更大的组织具有吸引力。德里克是一个具有广泛兴趣和好奇心的人。他积极地继续寻找所有的"最佳实践"和组织的前沿方法，用更多的标签、规范的概念和高度特殊的术语来阐述和放大未来的"愿景"。

　　很快，最新的方法和框架成为讨论和规划的通用词语：学习系统、知识管理、软件开发的能力成熟度模型、因果循环图、精益生产等。德里克的习惯是在周一上班时，对自己周末读过的管理类书籍仍感到兴奋不已。而如何用书中提及的概念阐述他们正在开发的这个"模型"的各个方面，成了一个常被提起的话题。各种流行的概念越来越主导质量小组的谈话和思考。这些努力，开始看起来好像在某种程度上越来越脱离了高质量团队工作的现实和 IT 的现实。团队成员感觉自己像个笑话。质量小组开始分崩离析。首先，它被分成两组：一组是与泰德和德里克一伙的，另一组是认为与他们"道不同，不相为谋"的。随着时间的推移，德里克在质量小组中逐渐变成了孤家寡人。

　　随着形势的恶化，鼓舞和劝诫变成了欺凌和恐吓。泰德变得越来越愤怒地规劝人们作出改变，并伴之以发脾气和威胁。例如，他们试图为应用程序开发创建一个规划框架，其中一个元素是建立一个简单的报表来跟踪开发进度。许多专业人士完全不理会他们。泰德一度因为自己甚至在发起这么个小小的行为改变上也缺乏权威，而变得愤怒不已。他猛烈抨击一名不符合新流程的中层员工，扣除这名员工几千美元的奖金。

德里克聘请克兰兹的咨询顾问团队来帮助质量小组更有效地开展工作，帮助他实现自己对质量小组的梦想，并最终实现所有的梦想。

分　析

当咨询顾问开始与该组织合作时，顾问遇到了令人深感不安的迹象。在整个过程中，顾问被两个不断呈现的故事之间戏剧性的差异所震撼：一个故事是，关于质量小组及其变革潜力的详尽而宏大的概念；另一个故事是，关于质量小组中持续的混乱、冲突、怨恨和无效的表现，以及在 IT 部门的其他团队中持续的实践和推动过程。

克兰兹认为，在某种程度上，选择不懂 IT 的泰德来负责 IT 部门，这本身似乎就是荒谬的。这样的任命安排，传达了一种对 IT 及其管理挑战的简单化和不切实际的期望。即使是维持一个价值 10 亿美元的全球信息技术组织的运转，也需要复杂的管理技能和对其工作的深入了解，更不用说还需要通过重大创新来领导它。安排这样一个缺乏经验的总经理，既不了解应用程序开发，也不了解提供大规模信息服务的要求，这一选择本身似乎就带有对 IT 残酷贬低的意味。考虑到形势的复杂性，以及应对这一挑战所需的复杂性，派一个没有特殊技能或知识的年轻英雄去"驯服野兽"，这样的构想似乎是非常宏大的。

顾问发现，这个组织中没有实现创新的结构——没有既定的授权和问责模式，几乎不可能带来有意义的变革。奇怪的是，这里似乎没有什么权威。这个组织依靠个人关系、非正式网络、促销竞争和传统的系统来控制自己。

引入问责制本身就会带来深刻而激烈的变革。但泰德与其总经理团队采取相互尊重的合作伙伴关系。在每一次选择的时候，他都把劝诫和激励作为驱动变革的机制。

顾问团队也有陷入"分裂"的倾向。起初，德里克和他在质量小组的支持者是顾问工作的伟大倡导者，而批评者对顾问的工作充满敌意。但更能说明问题的是，德里克和他最亲密的同事，对顾问的工作既进行理想化，又进行贬低化。

咨询顾问对德里克质量小组的工作流程和决策过程，进行了广泛而详细的描述。然而，与咨询顾问的报告和说明在表面上的清晰和辉煌相比，同样强有力的证据也表明，咨询顾问的工作遭到了严重的贬低。他们提出的想法不仅被"亲切地忽略了"，而且似乎从来没有得到任何回应。账单和付款方面还出现了其他问题。克兰兹和他的咨询顾问团队对客户系统产生了强烈的反移情反应。他们常常发现自己要对付明显的恼怒、绝望和麻木感。他们对形势的情绪反应在两极之间交替变化。有时，由于感到被贬低，他们打算退出咨询项目；其他时候，他们又感到自身的工作将产生关键的突破。由于他们的干预，他们所梦想的伟大变革将成为可能。

有明显的迹象表明，偏执—分裂现象即将在组织中占据主导地位，那就是泰德越来越呈现出严厉、独裁的控制姿态。他越是面对"他无法控制 IT 组织"的证据，就越会感觉受到欺辱和虐待。从他为了推动跟踪报表，而惩罚一名中层员工的事件来看，克兰兹认为，这在某种程度上说明：即使是微小的变化，泰德也不得不做出巨大的努力。组织呈现出一种分裂的状态：一场强调努力创造赋能、创造力和协同创新的变革，实际上产生了一个高度惩罚性的、备受怀疑和蔑视的、充满被害焦虑和消极怠工情绪的环境。

克兰兹指出，宏大变革努力的另一个主要特征在这个事例中得到了很好的说明。那就是，组织过去和现在的工作受到低估和贬损。组织需要一个全新的出发，一个没有过去的不完善和缺点的出发。就像所有的理想化一样，分裂出来的被贬低的部分会在其他地方发生。正如本案例中展示的那样，伴随着自我理想化和浮夸而产生的不被承认的低估和贬损进入 IT 部门，并导致参与变革的人最终失败。

干　预

　　克兰兹并没有继续描述咨询顾问对微观公司和伊顿公司做了哪些具体干预。然而，正如本书第 16 章所指出的，克兰兹倡导复杂式变革的干预，即变革参与者以抑郁心位状态，开展深刻的变革。人们理解过去与未来是一个连续的整体；对未来采取一种充满希望的态度，坚信与变革相关的令人不安的混乱、困惑和不确定性是可控的；同时对实现新目标所涉及的挑战又有着清醒的认识。在这种状态下，更高级别的心理功能能够获得支持，伴随着深刻变革所产生的焦虑得到充分抱持，从而防止破坏性的混乱和替罪羊的出现。

第 23 章
CHAPTER

三方组建的合资公司

高尔德介绍了一个案例[1]，涉及在一个大型的、复杂的、由三个主要工业企业组成的合资公司中所遇到的困难，说明了通过重新创建工作场所来直接面对和解决潜在困难和焦虑的重要性，以及为抱持这些困难和焦虑制定适当的结构安排的重要性。

背 景

市场上存在着三家大型工业公司——合并机电（AR）、通用机器人（GR）和国际机器人科技（RT）。这三家公司都有各自的特长，每家在机器人和人工智能方面都有不同的水平和不同类型的经验，但没有哪一家能够在这方面占据技术领先地位。为了长远的发展，这三家大型工业公司已经达成了一项战略合作：成立一家合资企业 R-AI，在先进的人工智能系统的指导下，设计下一代工业机器人设备。他们坚信，他们凭借拥有的充足资金和技术能力，能够成为市场的翘楚。

R-AI 设计公司的组织结构如图 23-1 所示。最上层是高管团队，管理公司整体的运营和把握发展方向；中间一层是项目经理，分别管理不同的项目；底层是各个项目小组，在组长的带领下交付项目成果。每一个层级都由来自三个投资方的人员组成。

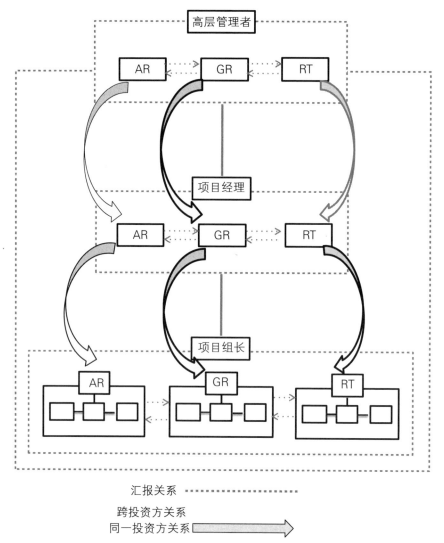

图 23-1　R-AI 设计公司组织结构

改编自 Gould etc.，2004[1]

204

此前，这三家投资方的高级机器人部门有着长期打交道的经历，有时是合作伙伴，有时是竞争对手，每家都引入了不同的企业文化和运作模式。在合资公司运营的过程中，从负责平衡项目投资的高级管理人员，到各自的工程人员，各级组织之间都产生了相当大的张力，经常发生激烈而长期的争吵。一个特别重要的情况是，通过 R-AI 设计公司的项目，AR 和 RT 都将他们的业务扩展到了新的领域。而 GR 则被要求与其合作伙伴共享他们长期占据主导地位的领域。在不同时期，这三家投资方的高管都表达了不同程度的担忧。

高管团队认识到，这家合资企业的有效性取决于参与其中的高绩效团队之间的合作性如何，以及是否能够将过去的差异和冲突放在一边。此外，他们似乎也意识到，这项事业的成功实施将是一个复杂的过程，必须从根本上改变各合作方在一起工作的文化和结构。

高尔德及其顾问团队受到邀请入场开展咨询时，R-AI 设计公司已经成立了大约一年时间，并积累了足够的经验。高管认为重要的是评估项目的状态，总的目标是不断改进和提高效率。

分　析

顾问团队经过对背景的了解，形成初步的工作假设：这家合资公司的首要问题在于，三个投资方难以阐明一个共同的未来愿景，在完成市场营销、销售和维修装备等工作后，他们是否能够获取各自应得的好处。此外，他们除了口头上表示要直接面对这一问题外，还有许多隐忧。

这些担忧中最突出的是，每家公司都担心自己会被其他公司 "占便宜" 和利用。因此，尽管投资方都同意潜在的回报是可观的，但各自都在怀疑，它们所得到的好处是否与它们分享给其他合作伙伴的利益相称。其结果就是形成了一个广泛的、相互联系的社会防御系统，阻碍最佳的业绩表现。从高级管理者到基层员工，都对他们的工作采取极端谨慎和保密的态度。就好像在设计阶段结束后，他们会分道扬镳一样。因此，在这家合资企业中隐含的模式似乎是："尽可能多地向合作伙伴学习，同时尽可能少地向他们提供利益。"

顾问团队被邀请为这家合资公司的管理团队提供咨询，来探索其态度、感觉和看法背后更深层次的基础，以及这个深层基础是如何导致大量"反向任务"行为的。顾问团队让每个参与者绘制 R-AI 设计公司，以及与之相关更大的组织环境的"图画"，形成"心目中的组织"，从而揭示更深层、更黑暗的情感和体验。

基于上述活动所产生的材料，咨询团队发现 R-AI 设计公司内部关系的基本动力特征，源于三个投资方最高层严重紧张的关系、未解决的冲突和矛盾心理。这些动力集中表现在两种核心焦虑之上：（1）对未来进行数十亿美元投资的焦虑，而这三家投资方中没有人希望完全拥有或承担这项责任；（2）担心项目的成功需要高度的相互依赖，从而造成潜在的脆弱感。这些焦虑反过来又促成了上述社会防御体系的建立，使高级管理人员得以避免与之对抗。也就是说，如果高层管理者可以通过向下转移的方式，将下属作为困难的来源，那么如果项目失败，下属将成为明显的替罪羊；同样，如果三家投资方都能通过向外转移的方式把所有的困难和不信任投射到其他投资方的员工身上，指责他们压抑、不合作、思想错误、固执、不能胜任工作，那么每一家公司都有充分的理由断绝关系。这样就不用继续进行进一步的投资，也不用在项目深化过程中进一步地相互依赖了。

此外，咨询团队假设，上述社会防御系统的运作与 R-AI 设计公司的组织关系之间存在着关键的联系（图 23-1）。这样的组织关系有两个显著属性：（1）管理结构决定的汇报关系：强调公司内部的汇报安排（实线）。（2）子群体和项目边界的关系强度：虽然各个层级也存在着部分跨投资方之间的互动；整个合资公司周围有一个虚线"皮肤"，表示名义上一体的概念；但不同层级之间的互动是依赖于来自同一投资方的组织成员之间完成的。这样的组织关系是为了增强组织成员对其所来自的投资方的忠诚度，而牺牲了对于合资公司作为一个整体协作企业的充分认同。

高尔德认为，这种组织关系的结构是各方对合资企业深深的矛盾心理的结构性表现。各投资方需要这种关系，但同时又害怕这样的关系。他们创造了一种妥协的、有缺陷的结构，让每个人都抱有一种两全其美的幻想：他们既可以拥有一种新的伙伴关系，又可以在这段新的关系中投入很少。因此，他们可以使自己确信：如果这家合资公司崩溃了，他们还能够各走各的路。当然，这样的社会防御体系往往不利于合作。因此，各投资方的伙伴关系不能充分实现其业绩目标，从而造成明显的"预言的自我实现"——绩效目标的达成受到巨大影响。

干　预

根据上述分析，咨询顾问团队决定通过重新创建工作场所来面对和解决潜在的困难和焦虑，而非直接地挑战占主导地位的社会防御体系。这样，既有助于创造条件，又能够降低变革的阻力。

咨询团队针对概念化的组织结构，重新划定关键的组织边界，调整组织运行模式（图23-2）。具体来说，咨询顾问团队建议合资公司构建一种更适合任务的组织形式，组织在每一层设立三方联合的核心管理机构。也就是说，高级管理层和项目管理层要有适当的集体授权，而令公司内部的工作组或个人不再直接通过他们所属的投资方进行汇报。相反，他们需要通过三方联合的管理机构进行汇报。只有在有额外职能或与项目无关的原因时，才需要通过自己所属的投资方渠道进行汇报。

在这种组织形式中，群体和组织边界以及汇报关系被以不同的方式赋予权力，有助于开展跨投资方的互动；促进合资公司团队和工作组的更大协作；并通过创建更为清晰的"组织皮肤"，来促进与整个 R-AI 设计公司更深层次的身份认同。随着咨询工作和客户系统的发展，合资公司的业务得到了持续发展。

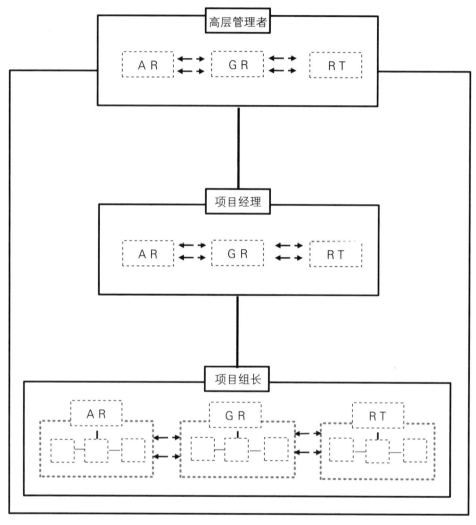

汇报关系 ——————

跨投资方关系 ◀ ― ― ― ― ― ― ― ▶

图 23-2　R-AI 设计公司组织结构优化图

改编自 Gould etc., 2004[1]

第 **24** 章
CHAPTER

化工厂文化变革项目

霍耶描述了一家化工厂开展多样性和包容性文化变革项目的案例。

背 景

A 公司成立于 19 世纪中期的德国。公司所在的城镇是在公司成立后建立的。城镇围绕着生产基地建设起配套的基础设施和生活服务系统。A 公司是该行业在全球的主要参与者之一。该公司在重要职能部门配备了最强大、最优秀的人员——化学家和工程师。20 世纪 80 年代初，因为竞争加剧和希望扩大到新市场，公司以市场为导向进行了重组，因此市场营销和销售功能的价值增加了。

2008 年，公司层面发起了一项多元化和包容性倡议，直接向董事会汇报。自 2010 年以来，公司人力资源部门一直在努力就这个话题发起一个项目。2012 年，霍耶所在的人力资源部门领导宣布发起了一个以"多元化与包容"为主题的项目。这个项目是人力资源部门领导改造各业务部门的总体计划的一部分。同时，他还发起了一个战略项目，该项目很可能导致该部门的重大改组。

工作团队制定了一项为期一年半的多元融合实施计划，包括一系列工作：（a）组织文化：专注打造一种包容性的组织文化；（b）人力资源流程和工具：注重建立人员的多样性；（c）沟通：注重提升对多元化和包容性的认知，并通过动态的内部网络工具提供讨论和互动的手段。项目发起人对项目方案表示认可，并希望将项目时间延长到 3 年。2012 年 3 月至 12 月，项目团队进行了一系列访谈、焦点小组访谈，以及与高层的项目会议。

主要进程与发现

项目实施中的主要进程与发现见表 24-1：

表 24-1　项目实施的主要进程与发现

主题	现象	组织动力分析
总部印象	化工行业既有正面的属性——就业、纳税，也有负面的属性——危险、污染。该行业的员工和那些生活在生产现场附近的人每天都必须处理这种矛盾心理，以及对可能发生致命事故的恐惧	与这个行业相关的人们很可能会把这个行业的负面因素剥离出来，并对这些负面因素进行否认、压制或投射到另一个对象身上
	化工企业受到了媒体和公众对于他们的安全记录的关注。为了确保安全，工厂工人必须遵守严格的规定。类似的严格规定也适用于办公室人员：禁止在任何场所吸烟或饮酒。所有员工必须接受安全培训。其中包括，注意走路时不要被绊倒。新来者或访客有时会嘲笑这些组织惯例，员工则认为这些防范动作看起来完全正常	社会性防御帮助管理层运转这台巨大而危险的机器

（续表）

主题	现象	组织动力分析
性别多样性	公司的主导群体是白人男性自然科学家。董事会成员通常都是拥有博士学位的德国白人男性，他们的整个职业生涯都在公司度过。男人之间有很强的凝聚力和同志情谊	如果更多的女性处于公司中有影响力的职位，可能会产生一种集体的焦虑，担心可能会失去控制，破坏目前的平衡。如果公司更加多元化，男女员工可能也会对改变自己管理传统性别角色的行为感到不安；这意味着放弃诱惑和竞争
	在一次会议中，一名女性领导者闯入了一个全是男性的空间。然而，经过对语言和手势进行控制的最初阶段，团队都开始放松，接受她作为团队的一员。作为公司领导的身份取代了她作为女性的身份。这个群体很快重新调整了自己的心理界限	
	在公司的地域范围内，女性和男性对性别的看法和做法都是不同的。在公司的大门里，女性越来越觉得自己的身材和性感，受到公司同事的评判	
知识多样性	高管候选人缺乏多元化的相关技能	人力资源工具控制和影响了那些被纳入其中的人员
	所有的董事会成员都是拥有博士学位的化学家或化学工程师。公司通过不断选拔具有特定教育背景和技能的人员作为董事会成员或其他高级管理人员，也在强化这些技能的重要性	
	公司的高管们对本公司的分析技能和企业家行动评价很高，而在沟通和创新方面评价很低	
	公司清晰定义了工作类别、发展路径，形成职业网格；屏蔽了员工在职业网格规定之外的能力发展与创新学习	定义良好的职业网格，实际上是引入了一种能力控制手段
多样性的需求	领导人似乎知道，仅仅关注技术技能将不足以推动公司向前发展。他们经常体会到用户和变革管理人员参与的必要性，但是费用估算和执行计划中却很少反映领导者对于多样性的真实投入	这种意识遇到了巨大的矛盾心理；领导者们意识到，要拥抱多样性，就必须调整自己的多样性
	领导者们理解并重新审视他们的"统治价值"。实施项目计划需要用户参与，并留出学习时间。这种想法遇到了反对从经验中学习的下层群体的抵制	"学习与矛盾、失控、脆弱和情绪相关"的认识，可能潜伏在公司的集体知识的表面之下，挥之不去，等待着转化的机会

主题	现象	组织动力分析
变革项目团队	这个团队的任务是帮助内部客户完成转型项目。经过高层的讨论，这个团队作为一个项目而不是一个实体被建立起来。这样，公司以后就可以重新评估是否仍然需要这个能力	这样的临时角色安排，体现了公司对接受用户观点的矛盾心理。为了解决这种矛盾心理，变革管理团队成了一个容器，公司其他部门的人员将不可预测的、潜在的非理性行为问题外包给它。这样其他人员就可以做所有"真正的"工作
谨慎参与	当项目团队在本部门进行第一次干预时，焦点小组访谈以"在国外生活和工作"为主题。团队成员一开始很犹豫要不要参与。参与者给团队施加了很大压力，要求团队明确表达想通过项目实现什么目标	参与者表达了谨慎，表达了一种受伤害的经历：他们所有人都经历过在国外生活和工作的强烈情感过程。他们经历了个人生活中的恐惧、痛苦和冲突，以及由公司需求引发的与亲人之间的冲突
项目团队外部动力	在2012年3月项目的初始阶段，部门负责人要求多元化和包容性项目团队，将实现领导职位中30%多元化作为目标。6月初，在多样性和包容性核心项目团队启动会议前，部门负责人告诉团队，公司董事会不希望支持比正式沟通更雄心勃勃的目标，不提供更多预算。项目团队必须降低在项目中所能达到的期望	外部风险，即多样性增加带来的潜在不稳定性，被转变为内部威胁。因此，变革团队的目标被削弱。变革团队已经成为"组织过程的俘虏"，失去了权威
	大多数高管表示，多样性和包容性应该从内部发展	一方面，这表明人们倾向于渐进式而不是革命式的变革；另一方面，这也是一种拒绝对项目进行加速的微妙方式
	没有人意识到公司在过去的十年里，在女性领导职位方面没有取得很大的进步	也许这些信息被压制或否认了

（续表）

主题	现象	组织动力分析
项目团队内部动力	项目顾问准备进行文化分析工作，部门内部出现张力，特别是在战略项目团队。部门负责人转发了德鲁克《文化将战略当早餐》的文章。战略项目负责人和人力资源项目负责人引发了一场冗长的讨论，是否应该将文化分析或多样性和包容性项目纳入战略项目的范围。大家一致同意，多样性和包容性团队将按计划进行最初的文化分析干预	部门内部出现明显的焦虑
	在项目启动会上，一个新加入项目团队的成员不同意文化分析和顾问选择的方法。她认为工作方法应该更加注重可交付成果。她大力推动明确的里程碑，扎实的任务清单，以及清晰的角色和任务。她抱怨项目顾问，觉得他们不适合公司和部门的工作 项目团队讨论了每个成员的特点，不分性别。在这个活动中，她解释说，当她在公司里和男人一起工作时，她喜欢把她的性别和性感表现出来。核心团队对她的诱惑没有回应	也许是无意识的动机驱使着她的行为：（1）她可能会感到被排除在项目团队的核心圈子之外，无法影响选择，并为准备工作作出贡献。团队没有足够的时间适当地接纳她。（2）她可能是在焦虑，如果项目对公司的整体合作产生影响，将会极大地影响她的工作方式。（3）项目顾问指出，她展示了嫉妒。她可能嫉妒项目团队。项目团队拥有资源、可能性和勇气来从事一些相当新颖和具有创造性的事情
	霍耶决定以工作延期为理由将这个新人从团队中释放出来。平行发生的是，项目团队在霍耶缺席期间决定不再使用团队教练	团队内部的许多方面已经变得"不能讨论"，团队被"困住"了。项目团队无法解决自身的动力的问题。在清除团队教练过程中，团队这种"不能讨论"的状态，也变得不能讨论了
	完成组织文化分析工作之后，部门负责人希望项目团队建立一个女性网络。核心团队以及人力资源部门的领导对此想法非常犹豫。女性领导建议，在多元化和包容性项目之外建立女性网络，这样就不会把多元化和包容性项目与之联系起来	项目核心团队有高度焦虑：团队感到缺乏心理安全，感到有危险。团队也被"困住"了，无法讨论和共同理解这种感觉

分　析

霍耶认为，本案例中的化工公司被夹在两种不同的主要任务和相互排斥的概念之间：一方面是化学品的安全生产，这需要一个稳定和受控的环境；另一方面是创造创新的解决方案，这需要一个包容多样性的环境，能够应对不可预测性、紧张和矛盾。

虽然公司的目标是通过创新产品的创造和销售迅速取得进展，但其首要任务仍将是生产过程中的安全要求和对舆论的管理。这些目标需要稳定和可控的环境。然而，组织系统的灵活性和开放性又是组织学习和创新的先决条件。因此，这些相互冲突的公司目标会产生歧义，这很可能导致部门间冲突的增加，并可能严重损害公司的创新能力。项目团队在执行过程中体验到大量焦虑，阻碍了公司从各个层面反思自身情况。而组织僵化的社会防御系统对此进行了巩固，阻碍了公司对问题和风险的处理。

最终，该公司必须确认其首要风险到底是什么。如果两个首要任务——安全生产化学商品和创造创新的解决方案，不能在一个有限的实体中得到处理，公司必须定义新的边界，使创新可以发生，使多元化的候选人容易获得安置和提升。组织成员需要有意识地放弃他们当前的信仰和行为，并对放手的部分进行悼念（如：白人男性高知分享他们的地位和权力；女性克服对竞争的恐惧，学会建设性地调动她们的攻击性；员工必须抵制控制和可预测性的欲望，学会拥抱模糊性等）。

霍耶认为，一个多样性和包容性的文化项目只有嵌入到上述更广泛的方法当中，公开讨论矛盾的战略方向对公司、公司文化和任务的影响，重新界定边界，对固有的信念进行放手和悼念，多样性和包容性的文化变革项目才能最终取得成功。

第 25 章
CHAPTER

希尔斯堡足球场灾难

罗斯·查兰吉尔（Ross Challenger）和克里斯·克莱格（Chris Clegg）指出[1]，社会技术系统不仅在技术管理领域，而且在更为广泛的领域，也具有强大的效力。他们通过回顾希尔斯堡足球场案例，介绍了如何运用社会技术系统诊断公共管理存在的风险，作出预警，实现公共管理能力的提升。

背 景

根据维基百科的介绍[2]，1989 年英格兰足总杯半决赛，利物浦和诺丁汉森林队被抽到一起，赛址在中立第三方谢菲尔德市希尔斯堡足球场。此前几年发生过几起拥挤事件，但南约克郡警方依旧没能重视球迷的安全问题。《保安大纲》没有列明遇到突发事件时，警方具体应该怎么疏散人群、怎样处理应对。当时对英国足球比赛的管理而言，最大的威胁是"足球流氓"现象。因此，警方把重点放在如何防范醉酒球迷入场，以及双方球迷的械斗上，没有对场外人群聚集和场内的拥堵给予足够的警惕。警察局长在视察比赛场地时，也只是走马观花，将细节工作全交给下属去处理。

比赛当天正午前，足球场的转门开放，第一批利物浦拥趸兴高采烈地进了球场。但是由于票面上的提示语要求球迷下午2：45到场，此刻人流量十分有限。下午2点之后，球迷人数开始激增。警方在入口处检查，使得球迷通过转门的速度大幅放缓。2点半，距离开球还有半小时，场外依然有5000名观众想要入场。瓶颈区里的球迷越挤越多，前方和左右都是墙和铁丝网，只有后面才有透气的空隙，而新到的球迷把这点地方也给堵上了。由于对讲机失灵，球场内的警员不清楚场外的情形。广播呼吁场外的球迷不要再往里挤。由于人声鼎沸，广播的声音根本听不清，警方对局面失去了控制。比赛开始前10分钟，两队球员开始入场，场外的球迷可以听到场内发出的欢呼声，但他们却依然被困在球场外。在球迷还在不断往里涌的同时，比赛并没有因为他们而推迟。5000人试图通过十字转门，他们在转门外的挤压引起了警方的担忧。负责维持西看台外现场秩序的警官马歇尔，请求指挥中心允许打开C大门，放球迷进场。警察局长杜肯菲尔德经过一番思想斗争，最终下达命令打开C大门。

C大门打开后，众多球迷一拥而上，闯了进来。人群挤在利物浦球门后方的3号和4号小区，而这两个小区只能容纳不足1700人。警方和安保人员原本应该站在通道入口处，引导人们向两侧的看台分流，但他们却没有这么做。这造成了中间3号和4号小区的极度拥挤，而两侧的看台却空空如也。最初，还有可以走到看台前方的空间，但很快人们就无法移动胳膊了。

比赛在下午3点钟准时开场。没过多久，利物浦队一记射门击中对方门柱，引起现场一阵骚动。尚在地下通道内的球迷闻声后更加着急，拼命向前挤，希望尽快入场。而这时3号和4号小区内早就人满为患，最前方的大批球迷被死死挤到铁丝网上。更遗憾的是，后方不断挤进场的球迷根本不知道站台最前方发生了什么，只顾着一个劲儿地往里冲。有些人的脸甚至被挤变形了，有的人失去意识无法呼吸，有的人清晰地听到胸骨断裂的声音。

当发现有人死亡时，不少人冲着铁丝网前值勤的警察大喊，让他们把门打开。但警察们似乎被钉在原地、不为所动，因为他们赛前从警察局长处接到的命令是：未经允许，绝不能开门放出任何一个人。球迷只能自己想办法求生。在靠后位置的一些球迷被上层看台的球迷拉上去得以逃生，两侧的球迷则翻越了侧边铁丝网，爬到了空空如也的两侧看台上。站台前方的球迷开始翻越铁丝网逃生。这时候，铁丝网中的一个小门被冲开了，一些球迷通过这个通道得以逃离，其他人继续翻越铁丝网。最后，铁丝网在人们的重压下终于倒塌了。后面的人也顾不上踩到的是死人还是活人，纷纷冲进了球场。

　　直到下午 3∶06，当警官们陆续赶到铁丝网前时，才发现了真实情况，急忙通知裁判中止比赛，开始救人。与此同时，一些警官还在坚定不移地执行着保卫球场另外三个角落的任务，阻止利物浦球迷接近诺丁汉森林的球迷。诺丁汉球迷最初以为只是利物浦球迷闯入了场内，在获知可能发生了死伤惨剧后，一些球迷尝试冲破警方的人墙，把受伤的球迷抬到救护车上去，却被驱赶回来。现场救援工作也相当混乱。没有受伤的球迷开始帮助救死扶伤，有些人帮助伤者进行人工呼吸，有些人把广告牌改装成临时担架。

　　下午 3∶17，第一批死伤者通过救护车被送出球场，但死伤者并没有被尽快送往医院救治，而是被转运到一个没有医疗功能的体育馆，耽误了宝贵的救治时间。后来有 44 辆救护车陆续抵达球场外，但警察只放行了一辆。由于死伤者太多，这唯一一辆"救命车"只能不停地折返，将死伤者运出球场。最后，96 名死者中只有 14 人被送往医院，其中 12 人到医院时已经死亡。

　　最后，经过清点，有 96 名球迷遇难，766 人受伤。其中有年届七旬的老人，也有一个刚满 10 岁的儿童。

分　析

　　马修·戴维斯（Matthew Davis）等人提出，社会技术系统理论的六盒模型（图 25-1）包含目标、流程步骤、技术、建筑/基础设施、文化以及人员。社会技术系统的思维可以作为一个框架来分析人群在紧急情况下的行为，并帮助指导和促进人群活动的准备和管理。其目的是确保在决策过程中不仅考虑社会和技术因素，而且承认不同的组织观点，达成适当的妥协，并协调随后的行动。

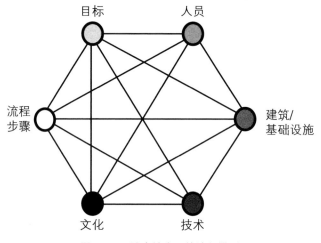

图 25-1　社会技术系统诊断模型

引自 Davis et al.，2014[3]

运用社会技术系统理论重新考察希尔斯堡足球场灾难，可以识别几个要点：当时由警察、其他有关当局、媒体和更广泛的公众所掌握的流行心态和价值观几乎完全集中于防范足球流氓行为（文化）。这导致了对财产安全的关注重于对人身安全的关注（目标），并影响了在活动之前和其间采取的行动。这与比赛前和比赛期间各机构间的沟通和协调不佳（过程和程序），最终用户的参与不足和专家对准备工作缺乏投入（人员）等因素相互作用，导致那些密切参与的人员不知道如何适当应对突发状况。由于无线电对讲机失灵（技术）、看台布局不当和设备不良（建筑和基础设施），致使整体情况进一步恶化。细节见表 25-1。

表 25-1　希尔斯堡足球场灾难问题因素及时间线

	事发当天的问题	数周前的问题	长期存在的问题
文化			• 沾沾自喜 • 心态误区：过于关注足球流氓 • 没有吸取经验教训 • 管理风格僵化
目标	• 糟糕的目标优先级设定 • 关注比赛按时开始	• 未关注人身安全	• 关注财产安全
建筑/基础设施			• 场地条件简陋 • 隔离网受腐蚀 • 布局失当 • 入场口过于狭窄 • 座位不足
技术	• 无线电对讲机通信故障		
流程步骤	• 糟糕的命令控制 • 缺乏部门互动和协调 • 缺乏与人群的沟通 • 缺乏对人群的管理与控制	• 糟糕的规划与准备 • 缺乏备份方案	• 缺乏系统思考
人员	• 缺乏整体控制、领导和担责 • 响应速度缓慢 • 群体指引失败 • 糟糕的沟通 • 缺乏一线授权	• 没有最终用户参与 • 没有多领域输入 • 没有专家输入	

查兰吉尔等人[4][5]不仅分析了希尔斯堡足球场灾难，还分析了国王十字地铁站火灾和布拉德福德城火灾等英国公共管理中的几起重大灾难。对这三起灾难的分析表明，问题是由复杂的系统故障导致的，其中多个相互依赖的因素交织在一起，从而导致问题出现。共同的因素包括短视的心态，自满的态度，未能吸取教训或听取专家的建议，培训和教育薄弱，沟通糟糕，缺乏领导，技术失败，基础设施设计不当，缺乏清晰的角色等。其中，糟糕的机构间协调被认为是每一次灾难的基础因素。

在回顾性案例中，通过社会技术系统分析，识别导致系统故障和灾难的共同因素，不仅有助于人们对于现场"到底发生了什么"有深入的理解，还可以帮助活动策划者、管理人员和各种公共管理机构，确定未来群体事件的潜在风险因素，从而加强活动的准备和管理。查兰吉尔等人在 2012 年伦敦奥运会前夕，使用该框架预测识别了与公共管理相关的关键风险和偶发事件[4][5]。细节见表 25-2。

表 25-2　2012 年伦敦奥运会风险分析

文化	<ul><li>缺乏组织资源和支持</li><li>各代理方之间关系差</li><li>心态失当：先入为主地设定首要风险（如恐怖主义），而付出忽略不寻常、未预期风险的代价</li><li>不吸取每一天的教训，且放弃后续进行改善</li><li>不吸取此前的教训</li></ul>
目标	<ul><li>关注财产安全而忽视人身安全</li><li>在筹备和管理方面给予的资源和支持（如资金、专家等）不足或不恰当</li><li>以兴师动众的代价，举办华而不实的活动</li><li>目标的优先级不恰当</li></ul>
建筑/基础设施	<ul><li>活动场地布置失当</li><li>人员或系统在未完成的外部环境中进行培训或测试</li><li>网络超载，无法应对</li></ul>
技术	<ul><li>广播、闭路电视等新技术故障</li><li>对新技术设备或软件测试不充分</li><li>系统整体联调不足</li><li>过于依赖技术</li></ul>
流程步骤	<ul><li>缺乏与人群的交流</li><li>规划与准备不足</li><li>灵活的后备方案不足</li><li>对主要风险先入为主，而忽略那些高发且容易造成重大后果的小风险</li><li>缺乏授权相关人员进行人群管理</li><li>对小事故引发的连锁反应考虑不足</li><li>对整体活动命令与控制力度不足</li><li>各代理方之间缺乏沟通协作</li><li>对参与大型活动群体的不同类型、不同目的思考不足，缺乏应对方案</li></ul>

（续表）

	• 缺乏各代理方的融合 • 缺乏不同活动场地的协调
人员	• 缺乏领导力 • 不能快速响应 • 缺乏多领域专家输入 • 只准备应对显而易见的风险，而对可能发生的潜在风险视而不见 • 临时工、兼职人员比例过多，缺乏群体事件处置经验 • 最终用户参与不足 • 活动人员培训不足 • 资深活动管理人员的专业性发挥不出来 • 各代理方的角色、职责不清，不知如何互动

查兰吉尔等专家根据社会技术系统理论，对伦敦 2012 年奥运会可能影响人群管理和安全的潜在风险因素进行了预测和建议，受到政府相关部门高度重视，对顺利举办奥林匹克盛会起到了促进作用。

参考文献

第 1 章

［1］Anderson, B., Adam, W., 2015, *Mastering Leadership: An Integrated Framework for Breakthrough Performance and Extraordinary*, Wiley.

［2］Argyris, C., Schon, D., 1978, *Organizational Learning: A Theory of Action Perspective*, Addison-Wesley.

［3］Coleman, A. D., Bexton, W. H., 1975, *Group Relations Reader* 1. The A. K. Rice Institute.

［4］Czander, W. M., 1993, *The Psychodynamics of Work and Organizations*, New York: Guilford Press.

［5］De Board, R., 2014, *The Psychoanalysis of Organizations*, Routledge.

［6］Helfetz, R. A., Linsky, M., 2009, *The Practice of Adaptive Leadership: Tools and Tactics for Changing Your Organization and the World*, Harvard Business Press.

［7］Hirschhorn, L., 1993, *The Workplace Within: Psychodynamics of Organizational Life*. Cambridge, MA: MIT Press.

［8］Joiner, B., Josephs, S., 2006, *Leadership Agility: Five Levels of Mastery for Anticipating and Initiating Change*, Jossey-Bass.

［9］Laloux, F., 2014, *Reinventing Organizations*, Nelson Parke.

［10］Laurence, J. G., 2019, *Experiential Learning in Organizations: Applications of the Tavistock Group Relations Approach*, Routledge.

［11］McCord, P., 2018, *Powerful: Building a Culture of Freedom and Responsibility*, Silicon Guild.

［12］Miller, E. J., 1976, *Task and Organization*, New York: Wiley.

［13］Petrie, N., 2014, *Future Trends in Leadership Development*, Centre of Creative Leadership White Paper.

［14］Robertson, B. J., 2015, *Holacracy：The New Management System for a Rapidly Changing World*, Henry Holt and Co..

［15］夏莫, U 型理论, 2011,中国人民大学出版社.

［16］Yang, K., 2018, *Organizational Dynamics：Initial Steps in Chinese OD practices*, Lecture on ISODC 2018.

［17］黄卫伟,《以奋斗者为本：华为公司人力资源管理纲要》, 2014, 中信出版社.

第 2 章

［1］夏莫, U 型理论, 2011,中国人民大学出版社.

［2］Colman, A. D. & Bexton, W. H., 1975, *Group relations reader* 1., Jupiter：The A. K. Rice Institute.

［3］Czander, W. M., 1993, *The psychodynamics of work and organisations.* New York：Guilford Press.

［4］Hirschhorn, L., 1993, *The workplace within：psychodynamics of organizational life.* Cambridge, MA：MIT Press.

［5］Miller, E. J., 1976, *Task and Organization.* New York：Wiley.

［6］Cilliers, F., Koortzen, P., 1998, The psychodynamics of organizations：Freud is alive and well and living in organizations, Psychologia.

［7］Kegan, R., Lahey, L., , 2016, An Everyone Culture：Becoming a Deliberately Developmental Organization, Harvard Business Review Press.

［8］Kets De Vries, F. R., 1991, *Organizations on the couch：handbook of psychoanalysis and Management.* New York：Jossey−Bass.

［9］Bion, W. R., 1961, *Experiences in groups.* London：Tavistock Publications.

［10］Turquet, P.M., 1975. *Threats to Identity in the Large Group*, In The Large Group：Therapy and Dynamics, edited by L. Kreeger. London：Constable.

［11］Lawrence, W. G., 1999, *Exploring individual and organizational boundaries. A Tavistock open systems approach.* London：Karnac.

［12］Wells, L., 1980, The group−as−a−whole：A systemic socio−analytical perspective on interpersonal and group relations. In：*Advances in Experiential Social Processes*, (Ed. Alderfer, C. P. & Cooper, C.L.).

［13］摩根, 2005, 组织, 清华大学出版社.

［14］Stacey, R., 1995, The science of complexity：An alternative perspective for strategic change process, Strategic Management Journal, 16(6), pp. 477−495.

［15］卡尼曼, 2012, 思考, 快与慢, 中信出版社.

第 3 章

［1］Sofer, C.,1972, Organisations in Theory and Practice. London：Heinemann.

［2］米切尔，布莱克，2007，弗洛伊德及其后继者——现代精神分析思想史，商务印书馆.

［3］Dowds, M., 2005,Organizational Empowerment and Systems Psychodynamics：A historical review with relevance to organizations in a postmodern era, Creationstep Inc.

［4］Petriglieri, G. & Petriglieri, J.L. 2020. The return of the oppressed：A systems psychodynamic approach to organization studies. Academy of Management Annals.

［5］Gould, L., Stapley, L., Stein,M.,2006, The Systems Psychodynamics of Organizations：Integrating the Group Relations Approach, Psychoanalytic, and Open Systems Perspectives, Routledge.

［6］Stacey, R., 2011, Strategic Management and Organisational Dynamics, Pearson.

［7］Long, S., 2013, Socioanalytic Methods：Discovering the Hidden in Organisations and Social Systems （1st ed）, Routledge.

［8］Jackson, D ,1968. The question of family homeostasis. In D. Jackson （Ed.）, Communication, family and marriage. Palo Alto, CA：Science and Behavior Books.

［9］Schein, E. H., 1980,Organizational psychology （3rd edition）, Englewood Cliffs. NJ：Prentice-Hall.

［10］ Boverie, P., 1991, Human Systems Consultant：Using Family Therapy in Organizations, Training and Learning Technologies.

［11］Sobel. B. （1982）. Applications of Bowen family systems theory to organizational systems. In R. R. Sugar & K. K. Wiseman （Eds.）, Understanding organizations. Washington, DC：Georgetown University.

［12］Kets de Vries, 2006, The Leader on the Couch：A Clinical Approach to Changing People and Organizations, Jossey-Bass.

第 4 章

［1］Hirschhorn, L.1997b,Reworking Authority：Leading and Following in the Post-Modern Organisation. Cambridge, MA：Organisation Studies.

［2］Obholzer, A. （1994）. Authority, power and leadership. In：A. Obholzer & V. Roberts （Eds.）,The Unconscious at Work. London：Routledge.

［3］Czander,W., 1993, The psychodynamics of work and organizations：theory and application, The Guilford Press.

［4］Hirschhorn, L., 1993,The Workplace Within：Psychodynamics of Organizational Life, Cambridge, MA：MIT Press.

［5］Cilliers, F., Koortzen, P. , 1998,The psychodynamics of organisations：Freud is alive and well and living in organisations Psychologia ,Work paper.

［6］Stapley, L. , 2006,Individuals,Groups and Organizations Beneath the Surface：An Introduction, Routledge.

［7］Winnicott, D. W., 1951, Transitional objects and transitional phenomena. In：Through Paediatrics to Psychoanalysis：Collected Papers. New York：Brunner-Mazel, pp. 229-242. (1971), Playing and Reality. New York：Basic Books.

［8］Gould, L., Stapley, L., Stein,M., 2006, The Systems Psychodynamics of Organizations：Integrating the Group Relations Approach, Psychoanalytic, and Open Systems Perspectives, Routledge.

［9］Dowds, M., 2005, *Organizational Empowerment and Systems Psychodynamics*：A historical review with relevance to organizations in a postmodern era, Creationstep Inc.

［10］Hofstede,g., Hofstede,g.,Minkov, M.,1991 , Cultures and Organizations：Software of the Mind, McGraw-Hill Education.

［11］Ashby, R.,1958, An Introduction to Cybernetics, Chapman and Hall.

［12］冈田武彦, 2015, 王阳明大传, 重庆出版社.

［13］Klein, M. ,1975, Our adult world and its roots in infancy. In *The Writings of Melanie Klein：Vol. 3 Envy and Gratitude and Other Works*, 1946-1963 (pp. 247-263). London：Hogarth.

［14］Erikson, E., Erikson, J., 1997, the life cycle completed. New York：W. W. Norton.

［15］布莱克曼, 2011, 心灵的面具：101 种防御机制, 华东师范大学出版社.

［16］Vansina, L., Vansina - Cobbaert, M., Amado, G., Schruijer, S., 2008, Psychodynamics for Consultants and Managers：From Understanding to Leading Meaningful Change, Wiley-Blackwell.

［17］Leitenberg, Handbook of Social and Evaluation of Anxiety, 1990.

［18］Horner, M. S. (1972). Toward an understanding of achievement-related conflicts in women. Journal of Social Issues, 28(2), 157-175.

［19］Petriglieri & Petriglieri, The Talent Curse,Harvard Business Review. 2017.

［20］Ready, Conger, Hill, Are You a High Potential Harvard Business Review. 2017.

第 5 章

［1］凯茨·德·弗里斯, 2016, 性格与领导力反思, 东方出版社.

［2］Stapley, L. , 2006,Individuals,Groups and Organizations Beneath the Surface：An Introduction, Routledge.

［3］Erikson, E., Erikson, J., 1997, the life cycle completed. New York：W. W. Norton.

［4］Winnicott, D.W. ,1960, The Theory of the Parent-Infant Relationship. I International

Journal of Psycho-Analysis, 41:585-595.

［5］米切尔，布莱克，2007，弗洛伊德及其后继者——现代精神分析思想史，商务印书馆.

［6］张华，2018，微信群讨论，CSTD.

［7］凯茨·德·弗里斯，2018，刺猬效应，东方出版社.

［8］Watzlawick, P., 1963, A Review of the Double Bind Theory, Family Process, issue 2, pp132-153.

［9］凯茨·德·弗里斯，2019b，有毒的管理者，东方出版社.

［10］Stapley, L., 2006, Individuals, Groups and Organizations Beneath the Surface: An Introduction, Routledge.

［11］凯茨·德·弗里斯，2012，神经质组织，东方出版社.

第6章

［1］凯茨·德·弗里斯，2018，刺猬效应，东方出版社.

［2］Wells, L., 1980., The group-as-a-whole: A systemic socio-analytical perspective on interpersonal and group relations. In: Advances in Experiential Social Processes, (Ed. Alderfer, C. P. & Cooper, C.L.).

［3］Erlich, J., 2006, Enemies within and without: paranoia and regression in groups and organizations, In Gould, l., Stapley, L., Stein, M., The Systems Psychodynamics of Organizations: Integrating the Group Relations Approach, Psychoanalytic, and Open Systems Perspectives, Routledge.

［4］Bion, W., 1984, Transformations. London: Karnac.

［5］Josselson, R., 2017, System psychodynamics, Lecture on Group Relation Conference China.

［6］Stapley, L., 2006, Individuals, Groups and Organizations Beneath the Surface: An Introduction, Routledge.

［7］Argyris, C., Schon, D., 1978, Organizational Learning: A Theory of Action Perspective, Addison-Wesley.

［8］Miller, E. J. (1989). The "Leicester" model: experiential study of group and organizational processes. Occasional Paper No. 10. London: Tavistock Institute of Human Relations.

［9］Benjamin, J., 2002, The rhythm of recognition: comments on the work of Louis Sander. Psychoanalytic Dialogues, 12 (1), 43-53.

［10］Deci, E. L., & Ryan, R. M. (2000). The "what" and "why" of goal pursuits: Human needs and the self-determination of behavior. Psychological Inquiry, 11 (4), 227.

［11］Anja Van den Broeck et al.，2010，Capturing autonomy，competence，and relatedness at work：Construction and initial validation of the Work－related Basic Need Satisfaction scale，Journal of Occupational and Organizational Psychology（2010），83，981 －1002.

［12］Baumeister，R. F.，& Leary，M. R. The need to belong：Desire for interpersonal attachments as a fundamental human motivation. Psychological Bulletin，117（3），（1995），497－529.

［13］Bion，W. R.，1961，Experiences in groups. London：Tavistock Publications.

［14］Turquet，P.M. 1975.Threats to Identity in the Large Group，In The Large Group：Therapy and Dynamics，edited by L. Kreeger. London：Constable.

［15］Miller，E. J.，Rice，A. K.，1967，Systems of Organization. London：Tavistock Publications.

第 7 章

［1］Petriglieri，G. & Petriglieri，J. L. 2020. The return of the oppressed：A systems psychodynamic approach to organization studies. Academy of Management，Annals.

［2］Stapley，L.，2006，Individuals，Groups and Organizations Beneath the Surface：An Introduction，Routledge.

［3］Siever，B.，Brunning，H.，Gooijer，J.，Gould，L.，Mersky，R.，2009，Psychoanalytic Studies of Organizations：Contributions from the International Society for the Psychoanalytic Study of Organizations（ISPSO），London：Brunner－Routledge.

［4］Bion，W. R.，1961，Experiences in groups. London：Tavistock Publications.

［5］罗伯逊，2015，重新定义管理：合弄制改变世界，中信出版社.

［6］莱卢，2017，重塑组织，东方出版社.

［7］麦克里斯特尔，2017，赋能：打造应对不确定性的敏捷团队，中信出版社.

［8］凯根，2020，人人文化：锐意发展型组织 DDO，北京师范大学出版社.

［9］凯恩斯，2009，就业、利息和货币通论，中国社会科学出版社.

［10］彼得斯，沃特曼，2003，追求卓越，中央编译出版社.

［11］Stacey，R.，2011，Strategic Management and Organisational Dynamics，Pearson.

［12］凯茨·德·弗里斯，2014，组织的反思，东方出版社.

第 8 章

［1］Stapley，L.，2006，Individuals，Groups and Organizations Beneath the Surface：An Introduction，Routledge.

［2］Hirschhorn，L.，& Gilmore，T. N.，1992，The new boundaries of the "boundaryless" company. Harvard Business Review，（May－June），5－16.

［3］Josselson, R., 2017, System psychodynamics, Group Relation Conference China 2017.

［4］Hoyer, B., 2013, Systems Psychodynamicsin Times of Organizational Change, INSEAD.

［5］Marshall, N., 2003, Identity and difference in complex projects：why boundaries still matter in the "boundaryless". In N. Paulsen & T. Hernes （Eds.） Managing Boundaries in Organizations.

Hampshire：Palgrave MacMillan.

［6］Josselson, R., 2017, System psychodynamics, Group Relation Conference China.

［7］Petriglieri, G. & Petriglieri, J.L. 2020.The return of the oppressed：A systems psychodynamic approach to organization studies. Academy of Management, Annals.

［8］Gould, l., Stapley, L., Stein, M., 2006, The Systems Psychodynamics of Organizations：Integrating the Group Relations Approach, Psychoanalytic, and Open Systems Perspectives, Routledge.

［9］Miller, E. J., Task and Organization, 1976, New York：Wiley.

［10］Arendt, H., 1961, Between Past and Future. Penguin Classics.

［11］Green, z., Molenkamp, r., 2005, The BART System of Group and Organizational Analysis, www.academy.umd.edu/tle/BART.

［12］Krantz, J. and Maltz, M., 1997, A Framework for Consulting to Organizational Role, Consulting Psychology Journal, Vol. 49, No. 2, 137−151.

［13］Hirschhorn, L., 1988, The workplace within. The psychodynamics of organizational life. MIT Press.

［14］Miller, E. J., & Rice, A. K. （1967）. Systems of Organization. London：Tavistock Publications.

［15］Miller, E. J., & Rice, A. K. （1990）. Task and sentient systems and their boundary controls. In E. Trist & H. Murray （Eds.）, The Social Engagement ofSocial Science：a Tavistock Anthology （Vol. 1：The Socio−Psychological Perspective, pp. 43−68）. London：Free Association Books.

［16］Belbin, M. , 1981, Management Teams. London；Heinemann.

［17］Rice, A.K. （1965） Learning for Leadership：Interpersonal and Intergroup Relations. London：Tavistock Publications.

［18］Levison, l., 1981, Executive：the guide to responsive management, Harvard university press.

［19］Miller, E., 1959, Technology, Territory, and Time：The Internal Differentiation of Complex Production Systems, Human Relations.

［20］Hayden, C. & Molenkamp, R. J., 2002, "Tavistock primer II." Jupiter, FL：The A. K. Rice Institute for the Study of Social Systems.

［21］Green, z., Molenkamp, r., 2005, The BART System of Group and Organizational Analysis, www.academy.umd.edu/tle/BART.

[22] Lawrence, G., 1977, Management development . . . some ideals, images and realities.
In A. D. Coleman and M. H. Geller （eds） Group Relations Reader 2 （Washington
DC, A. K. Rice Institute Series）.

[23] Miller, E. J. , 1990, Experiential learning in groups: I. In E. Trist & H. Murray
（Eds.）, The Social Engagement of Social Science: a Tavistock Anthology （Vol. 1:
The Socio – Psychological Perspective, pp. 165 – 185）. London: Free Association
Books.

[24] Hirschhorn, L., 1999, The Primary Risk, human relations, 52, 5–23.

[25] Vansina, L., Vansina–Cobbaert, M., Amado, G., Schruijer, S., 2008, Psychody-
namics for Consultants and Managers: From Understanding to Leading Meaningful
Change, Wiley–Blackwell.

[26] Erlich, J., 2006, Enemies within and without: paranoia and regression in groups and
organizations, In Gould, l., Stapley, L., Stein, M., The Systems Psychodynamics of
Organizations: Integrating the Group Relations Approach, Psychoanalytic, and Open
Systems Perspectives, Routledge.

[27] Sandler, A.–M. , 1977, Beyond eight–month anxiety.The International Journal of Psy-
choanalysis, 58（2）, 195–207.

[28] Jaques, E. （1955） Social Systems as a Defence against Persecutory and Depressive
Anxiety. In M.Klein, P.Heimann, and R.Money–Kyrle （eds.）, New directions in
Psychoanalysis. London: Tavistock Publications.

[29] Board, R., 1978, The Psychoanalysis of Organizations: A psychoanalytic approach to
behaviour in groups and organizations., Tavistock Publications Limited.

[30] Marks, M.A., Mathieu, J.E. & Zaccaro, S.J., 2001, A temporally based framework
and taxonomy of team processes. Academy of Management Review, 26, 3, 356–376.

[31] Trist, E. , 1987, Prologue. In G.Amado and A. Ambrose （Eds）（2001）. The Tran-
sitional Approach to Change. London: Karnac: xxi–xxvii.

第 9 章

[1] Barton, M.,A., Kahn, W., A, Group Resilience: The Place and Meaning of Relational
Pauses, Organization Studies, 2019, Vol 40 （9）.

[2] Maltz, M., Motivation, Meaning and Resilience, ISPSO June 2008 Symposium.

第 10 章

[1] Armstrong, D., 1991, The "institution in the mind": reflections on the relation of psy-
cho–analysis to work with institutions. Paper presented at the Conference on Psychoanaly-

sis and the Public Sphere, East London.

[2] Gould, L. J., Ebers, R., & Clinchy, R. M. （1999）. The systems psychodynamics of a joint venture: anxiety, social defenses and the management of mutual dependence.Human Relations, 52 （6）, 697-722.

[3] Jaques, E. , 1955, Social Systems as a Defence against Persecutory and Depressive Anxiety. In M.Klein, P.Heimann, and R.Money-Kyrle （eds. ）, New directions in Psychoanalysis. London: Tavistock Publications.

[4] Menzies Lyth, I., 1970, The Functioning of Social Systems as a Defence Against Anxiety: A Report on a Study of the Nursing Service of a General Hospital. London: Tavistock Institute of Human Relations.

[5] Miller, E. J., Rice, A. K. , 1967, Systems of Organization. London: Tavistock Publications.

[6] Skogstad, W., 2004, Psychoanalytic observation- the mind as research instrument, Organizational & Social Dynamics, 4 （1）, 67-87.

[7] Lawrence, G., 1977, Management development . . . some ideals, images and realities. In A. D. Coleman and M. H. Geller （eds） Group Relations Reader 2 （Washington DC, A. K. Rice Institute Series）.

[8] Burrell, G., & Morgan, G., 1979, Sociological Paradigms and Organisational Analysis. Aldershot: Ashgate Publishing.

[9] Jaques, E. , 1989, Requisite Organisation. Harlington, VA.: Cason Hall.

[10] Rice, A. K. （1963）.The Enterprise and its Environment. London: Tavistock Publications.

[11] Mink, O., Schultz, J., & Mink, B., 1991, Developing and Managing Open Organizations. Austin: Somerset Consulting Group.

[12] vonBertanlanffy, 1968, General System Theory: Foundations, Development, Applications, New York: George Braziller.

[13] Scott, R., 1994, Organizational Sociology, Routledge.

[14] Boulding, K., 1956, General Systems Theory-The Skeleton of Science. Management Science, Vol.2, No.3.

[15] Katz, D., & Kahn, R.L. （1966）.The social psychology of organizations. Wiley.

[16] Ashby, R., 1958, An Introduction to Cybernetics, Chapman and Hall.

[17] Luhman, N., 1996, Social systems, Stanford University Press.

[18] Goldstein, J. , 1997, Riding the Waves of Emergence: Leadership Innovations in Complex Systems, in C. Lindberg, P Plsek, and B. Zimmerman （eds）, Edgeware: Complexity Resources for Health Care Leaders, IX17-IX36. Cranbury, NJ: VHA.

[19] Mandelbrot, B. , 1967, How Long Is the Coast of Britain Statistical Self-Similarity and

Fractional Dimension. Science. 156（3775）：636-638.

［20］Conway, M., 1968, How do committees invent, Datamation：28-31.

第 11 章

［1］Trist, E. L., & Bamforth, K. W., 1951, Some social and psychological consequences of the Longwall method of coal-getting. Human Relations, 4, 3-38.

［2］Rice, A.K. , 1951, An examination of the boundaries of part insitutions, Human Relations, 4, 4.

［3］Board, R., 1978, The Psychoanalysis of Organizations：A psychoanalytic approach to behaviour in groups and organizations. , Tavistock Publications Limited.

［4］Bostrom, r. , p. , a Socio-tchincal perspective on mis implemtation, Paper Presented at ORSA/TIMS National conference, Colorado, springs, 1980.

［5］Schein, E. H., 1979, Organizational Psychology（3nd ed. ）, Pearson.

［6］Miller, E. J., Rice, A. K. , 1967, Systems of Organization. London：Tavistock Publications.

［7］Alderfer, C.P., Tucker, R.C., Morgan, D., and Drasgow, F., 1983, Black and white cognitions of changing race relations. Journal of Occupational Behavior 4：105-136.

［8］Sofer, C., 1972, Organisations in Theory and Practice. London：Heinemann.

［9］Gould, L, Stapley, L., Stein, M., 2006, The Systems Psychodynamics of Organizations：Integrating the Group Relations Approach, Psychoanalytic, and Open Systems Perspectives, Routledge.

［10］Trist, E. L., 1981, The evolution of socio-technical systems, occocasional paper, No. 2.

［11］Jaques, E. , 1989, Requisite Organisation. Harlington, VA.：Cason Hall.

［12］摩根, 2005, 组织, 清华大学出版社.

［13］侯世达, 1997, 哥德尔、埃舍尔、巴赫：集异璧之大成, 商务印书馆.

［14］Clegg, C., 2000, Sociotechnical principles for system design, Applied Ergonomics, 31, pp.463-477.

第 12 章

［1］Gould, l., Stapley, L., Stein, M., 2006, The Systems Psychodynamics of Organizations：Integrating the Group Relations Approach, Psychoanalytic, and Open Systems Perspectives, Routledge.

［2］Menzies Lyth, I. （1970）.The Functioning of Social Systems as a Defence Against Anxiety：A Report on a Study of the Nursing Service of a General Hospital. London：Tavistock Institute of Human Relations.

［3］Menzies Lyth, I.（1988）. A psychoanalytic perspective on social institutions. In E. B. Spillius（Ed.）, Melanie Klein Today: Volume 2, Mainly Practice. London: Tavistock/Routledge.

［4］Hoyer, B., 2013, Systems Psychodynamicsin Times of Organizational Change, INSEAD research paper.

［5］Stapley, L., 2006, Individuals, Groups and Organizations Beneath the Surface: An Introduction, Routledge.

［6］阿吉里斯, 2007, 克服组织防卫, 中国人民大学出版社.

［7］Board, R., 1978, The Psychoanalysis of Organizations: A psychoanalytic approach to behaviour in groups and organizations., Tavistock Publications Limited.

［8］Petriglieri, G. & Petriglieri, J.L. 2020.The return of the oppressed: A systems psychodynamic approach to organization studies. Academy of Management, Annals.

［9］Halton, W.（1994）. Some unconscious aspects of organizational life: contributions from psychoanalysis. In Obholzer, A. & Zagier Roberts, V.（Eds.）The unconscious at work. Routledge, London, pp. 11−18.

［10］Jaques, E., 1955, Social Systems as a Defence against Persecutory and Depressive Anxiety. In M.Klein, P.Heimann, and R.Money−Kyrle（eds.）, New directions in Psychoanalysis. London: Tavistock Publications.

［11］Hirschhorn, L.1988, The workplace within. The psychodynamics of organizational life. MIT Press.

［12］Diamond, M. A.（1993）. Bureaucracy as externalized self−system: a view from the psychological interior. In L. Hirschhorn & C. K. Barnett（Eds.）, The Psychodynamics of Organizations（pp. 220−236）. Philadelphia: Temple University Press.

［13］Jaques, E., 1995, Why the psychoanalytic approach to understanding organization is dysfunctional. *Human Relations*, 48(3), 343−349.

［14］Klein, M., 1975, Our adult world and its roots in infancy. InThe Writings of Melanie Klein: Vol. 3 Envy and Gratitude and Other Works, 1946−1963（pp. 247−263）. London: Hogarth.

［15］Winnicott, D. W., 1965, The Maturational Processes and the Facilitating Environment: Studies in the Theory of Emotional Development. London: Hogarth Press.

［16］Marris, P.,1975, Loss and change. Garden City, New York: Anchor Books.

［17］Trist, 1981, The evolution of sociotechnical systems. In A. Van de Ven and W. Boyce（Eds.）, Perspectives on organization design and behavior. New York: Wiley.

［18］Scott, k., Moore, K., Micelle, M., 1997, An exploration of the meaning and consequences of workaholism, Human Relations, Vol. 50, No. 3.

[19] Spence, J. T., & Robbins, A. S. （1992）. Workaholism: Definition, measurement, and preliminary results. Journal of Personality Assessment, 58（1）, 160–178.

[20] Burke, R.J., Cooper, C., L., 2008, Long Work Hours Culture: Cause, Consequence and Choices, Elsevier.

[21] Kaiser, R., Kaplan, R., 2006, The Deeper Work of Executive Development, the academy of management learning and education, dec.

[22] Cuncic, A., 2019, The Characteristics of High Functioning Anxiety, https://www.verywellmind.com/what-is-high-functioning-anxiety-4140198.

[23] She, Li, 2018, How CEO Workaholism Influences Organizational Performance: A Moderated Mediation Mode, Academy of Management ProceedingsVol. No. 1.

[24] Wilkinson, J., Voyer, J., Ford, D., 1998, Overcoming Organizational Anxiety, Pegasus Communications.

第 13 章

[1] Roberts, V. Z. （1999）. Isolation, autonomy, and interdependence in organizational life. In R. French & R. Vince （Eds.）, Group Relations, Management, and Organization （pp. 224–238）. Oxford: OUPS.

[2] Hirschhorn, L., & Gilmore, T. N., 1992, The new boundaries of the 'boundaryless' company. Harvard Business Review, （May–June）, 5–16.

[3] Gould, L., Stapley, L., Stein, M., 2006, The Systems Psychodynamics of Organizations: Integrating the Group Relations Approach, Psychoanalytic, and Open Systems Perspectives, Routledge.

[4] Dowds, M., 2005, Organizational Empowerment and Systems Psychodynamics: A historical review with relevance to organizations in a postmodern era, Creationstep Inc.

[5] Gooijer, J, 2009, The Murder in Merger: A Systems Psychodynamic Exploration of a Corporate Merger, Karnac Books: London.

[6] Czander, W. M., 1993, The Psychodynamics of Work and Organizations, New York: Guilford Press.

[7] Gould, L. J., Ebers, R., & Clinchy, R. M. （1999）. The systems psychodynamics of a joint venture: anxiety, social defenses and the management of mutual dependence. Human Relations, 52（6）, 697–722.

[8] Stapley, L., 2006, Individuals, Groups and Organizations Beneath the Surface: An Introduction, Routledge.

[9] Diamond, M. A., 1993, Bureaucracy as externalized self–system: a view from the psychological interior. In L. Hirschhorn & C. K. Barnett （Eds.）, The Psychodynamics of Organizations （pp. 220–236）. Philadelphia: Temple University Press.

［10］Chattopadhyay，G. P.，& Malhotra，A. ，1991，Hierarchy and modern organisation：a paradox leading to human wastage. Indian Journal of Social Work，52（4），561-584.

［11］Siever，B.，Brunning，H.，Gooijer，J.，Gould，L.，Mersky，R.，2009，Psychoanalytic Studies of Organizations：Contributions from the International Society for the Psychoanalytic Study of Organizations（ISPSO），London：Brunner-Routledge.

［12］Krantz，J. ，1990，Lessons from the field：An essay on the crisis of leadership in contemporary organizations. The Journal of Applied Behavioral Science，26，（1），49-64.

第 14 章

［1］Gittell，J. H. ，2008，Relationships and resilience care provider responses to pressures from managed care. Journal of Applied Behavioral Science，44（1），25-47.

［2］Kahn，W.，Barton，M.，Fisher，C.，Heaphy，E.，Reid，E.，Rouse，E.，2017，The Geography of Strain： Organizational Resilience as a Function of Intergroup Relations，Academy of Management ReviewVol. 43，No. 3.

［3］Gittell，J. H.，& Douglass，A. ，2012，Relational bureaucracy：Structuring reciprocal relationships into roles. Academy of Management Review，37（4），709-733.

第 15 章

［1］Bion，W. R. ，1961，Experiences in groups. London：Tavistock Publications.

［2］凯茨·德·弗里斯，2012，神经质组织，东方出版社.

［3］Parsons，T.，1951，The Social System. London：Taylor and Francis.

［4］Weber，M.，1947，The theory of social and economic organization，Oxford University Press，New York，NY.

［5］Petriglieri，G. & Petriglieri，J.L. 2020.The return of the oppressed：A systems psychodynamic approach to organization studies. Academy of Management，Annals.

［6］Vince，R.，Mazen，A.，2014，Violent Innocence：A Contradiction at the Heart of Leadership，Organization Studies.

［7］Kets de Vries，M. F. R.，1993，Leaders，Fools，and Impostors. San Francisco：Jossey-Bass.

［8］Kernberg，O.F. ，1984，the counch at sea：psychoanalytic of group and organization，international journal of group psychology，v34，issue 1.

［9］Petriglieri，G. ，2016，In defense of cosmopolitanism.Harvard Business Review Digital，https：//hbr.org/2016/12/in-defense-of -cosmopolitanism.

［10］Kets de Vries，M. F. ，1990，The impostor syndrome：Developmental and societal issues. *Human Relations*，43（7），667-686.

［11］Krantz，J. ，1989，The managerial couple：Superior-subordinate relationships as a unit of analysis. Human Resource Management, 28 (2), 161–175.

[12] De Board, R. (1978). The Psychoanalysis of Organizations: a Psychoanalytic Approach to Behaviour in Groups and Organizations. London: Routledge.

[13] Gabriel, Y. (1997). Meeting God: When organizational members come face to face with the supreme leader.Human Relations, 50 (4), 315–342.

[14] Kets De Vries, M. F., 1991b, Whatever happened to the philosopher-king The leader's addiction to Power. Journal of Management Studies 28 (4), 339–351.

[15] Gould, l., Stapley, L., Stein, M., 2006, The Systems Psychodynamics of Organizations: Integrating the Group Relations Approach, Psychoanalytic, and Open Systems Perspectives, Routledge.

[16] Bennis, W., & Nanus, B., 1985, Leaders: The strategies for taking charge. New York: Harper & Row.

[17] Siever, B., Brunning, H., Gooijer, J., Gould, L., Mersky, R., 2009, Psychoanalytic Studies of Organizations: Contributions from the International Society for the Psychoanalytic Study of Organizations (ISPSO), London: Brunner-Routledge.

[18] Argyris, C., & Schon, D. A., 1974, Theory in practice: Increasing professional effectiveness. Jossey-Bass.

[19] Reich, 1985, The executive's new clothes, New Republic, 23–28.

[20] Ashby, R., 1958, An Introduction to Cybernetics, Chapman and Hall.

[21] Trist, 1976, a concept of organizational ecology: Australian journal of management, 2 (2): 161–175.

[22] Miller, E., Gwynne, G., 1972, A life apart, London: Tavistock.

[23] Rice, A. K., 1963, The Enterprise and its Environment. London: Tavistock Publications.

[24] Stapley, L., 2006, Individuals, Groups and Organizations Beneath the Surface: An Introduction, Routledge.

[25] Kernberg, O. F., 1978, Leadership and organizational functioning: Organizational regression. International Journal of Group Psychotherapy, 28 (1), 3–25.

[26] Stein, M., 2005, The Othello conundrum: The inner contagion of leadership. Organization Studies, 26 (9), 1405–1419.

[27] Kahn, W. A., 1993, Caring for the caregivers: Patterns of organizational caregiving. Administrative Science Quarterly, 38 (4), 539–563.

[28] Kahn, W. A., 1990, Psychological conditions of personal engagement and disengagement at work.Academy of Management Journal, 33 (4), 692–724.

[29] Handy, C., 1989, The Age of Unreason. London, UK: Business Books.

[30] Stein, M., 2004, The critical period of disasters: Insights from sense-making and psy-

choanalytic theory.Human Relations, 57（10）, 1243-1261.

［31］ Armstrong, D., 2004, Emotions in organzations: Disturbance or intelligence In Huffing-
ton, C., W. Halton, D. Armstrong & J. Pooley（Eds.）Working Below the Surface:
The Emotional Life of Contemporary Organizations.（pp.11-27）. Oxford, UK: Taylor
& Francis.

［32］ Simpson, P. F., French, R., & Harvey, C. E., 2002, Leadership and negative capa-
bility. Human Relations, 55（10）, 1209-1226.

［33］ Zaleznik, A., 1965, The Dynamics of Subordinacy, Harvard Business Review,
May-Jun.

第 16 章

［1］ Gould, l., Stapley, L., Stein, M., 2006, The Systems Psychodynamics of
Organizations: Integrating the Group Relations Approach, Psychoanalytic, and Open
Systems Perspectives, Routledge.

［2］ Ashby, R.,1958, An Introduction to Cybernetics, Chapman and Hall.

［3］ Emery F., & Trist E. , 1973, Towards a social ecology: Contextual appreciation of the
future in the present. London, UK: Plenum Press.

［4］ Miller, D., & Droge, C.（1986）. Psychological and traditional determinants of struc-
ture.Administrative Science Quarterly, 31（4）, 539-561.

［5］ Lewin, K.（1947）. Frontiers in group dynamics: Concept, method and reality in social
science; social equilibria and social change. Human Relations, 1（1）, 5-41.

［6］ Menzies Lyth, I., 1988, A psychoanalytic perspective on social institutions. In E. B.
Spillius（Ed.）, Melanie Klein Today: Volume 2, Mainly Practice. London:
Tavistock/Routledge.

［7］ Miller, E. J.（1979）. Open systems revised: A proposition about development and
change. In W. G. Lawrence（Ed.）, Exploring individual and organizational
boundaries: A Tavistock open systems approach（pp. 217-233）. London: Karnac
Books.

［8］ Krantz, J., 2001, Dilemmas of organizational change:A systems psychodynamic perspec-
tive. In: L. Gould, L. F. Stapley & M. Stein（Eds.）The systems psychodynamics of
organizations,（pp. 133-156）. London, UK: Karnac Books.

［9］ Lapierre. L., 1989, Mourning, Potency, and Power in Management, Human Resource
Management, 28（2）, pp. 177-189.

［10］ Stapley, L., 2006, Individuals, Groups and Organizations Beneath the Surface: An In-
troduction, Routledge.

［11］ Krantz, J., & Gilmore, T. N., 1990, The splitting of leadership and management as a social defense. Human Relations, 43（2）, 183-204.

［12］Allcorn, S. , 1995, Understanding organizational culture as the quality of workplace subjectivity.Human Relations, 48（1）, 73-96.

［13］Vince, R. （2002）. The politics of imagined stability: A psychodynamic understanding of change at Hyder plc.Human Relations, 55（10）, 1189-1208.

［14］Feldman, M. （1992）. Splitting and projective identification. In R. Anderson （Ed.）, Clinical Lectures on Klein and Bion （pp. Chapter 6）. London, New York: Tavistock, Routledge.

［15］Halton, W., 1994, Some unconscious aspects of organizational life: Contributions from psychoanalysis. In A. Obholzer & V. Z. Roberts （Eds.）, The unconscious at work: Individual and organizational stress in the human services （pp. 11-18）. London, UK: Routledge.

［16］Petriglieri, G. & Petriglieri, J.L. 2020.The return of the oppressed: A systems psychodynamic approach to organization studies. Academy of Management, Annals.

［17］Gooijer, J, 2009, The Murder in Merger: A Systems Psychodynamic Exploration of a Corporate Merger, Karnac Books: London.

［18］Winnicott, D. W. （1951）, Transitional objects and transitional phenomena. In: Through Paediatrics to Psychoanalysis: Collected Papers. New York: Brunner-Mazel, pp. 229-242. （1971）, Playing and Reality. New York: Basic Books.

［19］Vansina, L., Vansina-Cobbaert, M., Amado, G., Schruijer, S., 2008, Psychodynamics for Consultants and Managers: From Understanding to Leading Meaningful Change, Wiley-Blackwell.

［20］Maccoby, M., 2000, Narcissistic leaders. Harvard Business Review, 78（1）, 92-101.

［21］Brunning, H. （1999 & 2003）. Merger as an emigration – towards the psychology of organisational mergers ［parts 1 and 2］. Organisations and People, 6 & 10 （4 & 1）, 13 p.

［22］Foran, A., & O'Malley, M. , 2002, The working through of otherness in mergers and acquisitions as seen through the lens of migration. Paper presented at the International Society for the Psychoanalytic Study of Organizations 2002 Symposium, Melbourne.

［23］Lawrence, W. G., Armstrong, D. （1998）. Destructiveness and creativity in organizational life: experiencing the psychotic edge. In P. B. Talamo, F. Borgogno & S. A. Merciai （Eds.）, Bion's Legacy to Groups （pp. 53-68）. London: Karnac.

［24］Amado, G., & Ambrose, A. （Eds.）. （2001）. The Transitional Approach to Change. London: Karnac.

［25］Vansina-Cobbaert, M, 2008, Supportive 'Process Structures', in Vansina, L.,

Vansina-Cobbaert, M., Amado, G., Schruijer, S., Psychodynamics for Consultants and Managers: From Understanding to Leading Meaningful Change, Wiley-Blackwell.

[26] Winnicott, D.W. , 1960, The Theory of the Parent-Infant Relationship. I International Journal of Psycho-Analysis, 41:585-595.

[27] Bridger, H. (2001). The workingconference design. In G. Amado and A. Ambrose (Eds.). The Transitional Approach to Change, London, UK: Karnac.

第 17 章

[1] Schein, E. H. (2004). Organizational culture and leadership (3rd ed.). San Francisco: Jossey-Bass.

[2] Stapley, L., 2006, Individuals, Groups and Organizations Beneath the Surface: An Introduction, Routledge.

[3] Hoyer, B., 2013, Systems Psychodynamicsin Times of Organizational Change, INSEAD research paper.

[4] Skogstad, W., 2004, Psychoanalytic observation-the mind as research instrument, Organizational & Social Dynamics, 4 (1), 67-87.

[5] Long, s., 2013, Socioanalytic Methods: Discovering the Hidden in Organisations and Social Systems (1st ed), Routledge.

[6] Merriam-Webster Dictionary, 1974, Pocket Books, New York, p.604.

[7] Siggins, L., 1983, Psychoanalysis and ritual. Psychiatry 46 (1):2-15.

[8] Diamond, M. A., 1993, Bureaucracy as externalized self-system: a view from the psychological interior. In L. Hirschhorn & C. K. Barnett (Eds.), The Psychodynamics of Organizations (pp. 220-236). Philadelphia: Temple University Press.

[9] Kafka, J., 1983, Challenge and confirmation in ritual action. Psychiatry 46 (1): 31-39.

[10] Smith, J.H., 1983, Rite, ritual, and defense. Psychiatry 46 (1):16-30.

[11] Petriglieri, G. & Petriglieri, J.L., 2020, The return of the oppressed: A systems psychodynamic approach to organization studies. Academy of Management, Annals.

[12] Kahn, W. A., 2001, Holding environments at work.The Journal of Applied Behavioral Science, 37 (3), 260-279.

[13] Winnicott, D.W. , 1960, The Theory of the Parent-Infant Relationship. I International Journal of Psycho-Analysis, 41:585-595.

[14] Winnicott, D. W., 1951, Transitional objects and transitional phenomena. In: Through Paediatrics to Psychoanalysis: Collected Papers. New York: Brunner-Mazel, pp. 229-242. (1971), Playing and Reality. New York: Basic Books.

[15] Gould, l., Stapley, L., Stein, M., 2006, The Systems Psychodynamics of Organiza-

tions：Integrating the Group Relations Approach，Psychoanalytic，and Open Systems Perspectives，Routledge.

［16］Trist，E. & Murray，H. （1990）. The Social Engagement of Social Science：The Socio-Psychological Perspective. Philadelphia，PA：University of Pennsylvania Press.

［17］Gould，l.，Stapley，L.，Stein，M.，2006，The Systems Psychodynamics of Organizations：Integrating the Group Relations Approach，Psychoanalytic，and Open Systems Perspectives，Routledge.

［18］Stapley，L.，2003，Developing trust：obstacles and under-standing. In：J. B. Kidd （Ed.），Trust and Anti-trust in Asian Business Alliances. London：Palgrave.

［19］Miller，E. J.，1998，A note on the proto-mental system and 'groupishness'：Bion's basic assumptions revisited.Human Relations，51，1495-1508.

［20］Vansina，L.，1999，Towards a dynamic perspective on trust-building. In：S. Schruijer （Ed.），Multi-organisational partnerships and cooperative strategy. Tilburg：Dutch University Press，47-52.

［21］柯维，梅丽尔，2011，信任的速度：一个可以改变一切的力量（第3版），中国青年出版社.

［22］兰西奥尼，2010，团队协作的五大障碍，中信出版社.

［23］Sievers，B.，2003，Against all Reason：Trusting in Trust，organizational & social dynamics，3（1），19-29.

［24］Lawrence，G.，1999，Exploring individual and organizational boundaries. A Tavistock open systems approach. London：Karnac.

［25］Gooijer，J，2009，The Murder in Merger：A Systems Psychodynamic Exploration of a Corporate Merger，Karnac Books：London.

［26］Czander，W. M.，2001，The psycho-social analysis ofemployee commitment：how organizations induce and destroy commitment. Paper presented at the International Society for Psychoanalytic Study of Organizations 2001 Symposium，Paris.

［27］Bion，W.，1984，Transformations. London：Karnac.

［28］Krantz，J.，1998，Anxiety and the new order. In E. B. Klein （Ed.），The Psychodynamics of Leadership （pp. 77-107）. Madison，CT.：Psychosocial Press.

［29］Rozovsky.J，2015，The five keys to a successsul google team，https：//rework.withgoogle.com/blog/five-keys-to-a-successful-google-team/，17，November.

［30］埃德蒙森，2020，无畏的组织：构建心理安全空间以激发团队的创新、学习和成长，东方出版社.

第18章

［1］明茨伯格，2012，战略历程：穿越战略管理旷野的指南，机械工业出版社.

［2］Teece, D. J. 2007. *Explicating dynamic capabilities: The nature and microfounda tions of (sustainable) enterprise performance.* Strategic Management Journal, 28, 1319-1350.

［3］Nagel, C., 2016, Behavioural strategy and deep foundations of dynamic capabilities-Using psychodynamic concepts to better deal with uncertainty and paradoxical choices in strategic management, Global Economics and Management Review 21 46-64.

［4］Bingham, C. K., & Eisenhardt, M., 2011, Rational heuristics: The simple rules that strategists learn from process experience. Strategic Management Journal, 13, 1437-1464.

［5］Leading effectively staff, 2019, Navigating disruption with RUPT: an alternative to VUCA, CCL.https://www.ccl.org/articles/leading-effectively-articles/navigating-disruption-vuca-alternative/.

［6］Lewis, M., 2000, Exploring paradox: Toward a more comprehensive guide. Academy of Management Review, 25, 760-776.

［7］Cascio, J., 2020, facing the age of chaos, https://medium.com/@ cascio/facing-the-age-of-chaos-b00687b1f51d.

［8］Mintzberg, H., 2007, Tracking strategies: Toward a general theory. Oxford: University Press.

［9］Hirschhorn, L., 1997a, The Primary Risk, ISPSO Conference, June 1997. Retrieved from http://www.psyctc.org/mirrors/ispso/1997hirs.htm.

［10］Petriglieri, G. & Petriglieri, J.L. 2020. The return of the oppressed: A systems psychodynamic approach to organization studies. Academy of Management Annals.

［11］Tajfel, H. ,1978, *Differentiation between social groups. Studies in the social psychology of intergroup relations.* London/New York: Academic Press.

［12］Gooijer, J, 2009, The Murder in Merger: A Systems Psychodynamic Exploration of a Corporate Merger, Karnac Books: London.

［13］Lawrence, G.,1985, *Management development: some ideals,images and realities.* In A. D.Colman and M.H.Geller (eds.) Group Relations Reader 2,Washington D.C.: A.K. Rice Institute.

［14］Hirschhorn, L., 1999, The Primary Risk, human relations, 52, 5-23.

［15］Siever, B., Brunning, H., Gooijer, J., Gould, L., Mersky, R., 2009, Psychoanalytic Studies of Organizations: Contributions from the International Society for the Psychoanalytic Study of Organizations (ISPSO), London: Brunner-Routledge.

［16］Geddes, M., 2019, Primary task : lessens telcos can learn from apple, https://www. martingeddes.com/think-tank/primary-risk-lessons-broadband-apple.

［17］Kawaski, G., 1990, The Macintosh way: the art of guerrilla management, New York: Harper Perrental.

［18］Schein, E., 1987, Process consultation: Lessons for managers and consultants II. California: Addison-Wesley.

［19］Kimbles, S. L., & Singer, T., 2004, The cultural complex: Contemporary Jungian per-spectives on psyche and society. London: Brunner-Routledge.

［20］凯茨·德·弗里斯, 2012, 神经质组织, 东方出版社.

［21］Nagel, C., 2014, Behavioral Strategy. Thoughts and feelings in the decision making process. The unconscious and the company's success. Bonn: Unternehmermedien.

［22］Stacey, R., 2006, The science of complexity: an alternative perspective for strategic change processes. In R. MacIntosh, D. MacLean, R. Stacey & D. Griffin （Eds.）, Complexity and Organization. Oxon: Routledge.

第 19 章

［1］Stacey, R., 2011, Strategic Management and Organisational Dynamics, Pearson.

［2］摩根, 2005, 组织, 清华大学出版社.

［3］Gould, L., Stapley, L., Stein, M., 2004, Experiential Learning in Organizations: Applications of the Tavistock Group Relations Approach, Routledge.

［4］Dowds, M., 2005, Organizational Empowerment and Systems Psychodynamics: A historical review with relevance to organizations in a postmodern era, Creationstep Inc.

［5］Stacey, R., 2006, Complexity at the "Edge" of the Basic-Assumption Group, in Gould, L., Stapley, L., Stein, M.(Ed.）, Experiential Learning in Organizations, Routledge.

［6］Foulkes, S., H., 1964, Therapeutic group analysis, London: George Allen & Unwin.

［7］Miller, E. J., Rice, A. K., 1967, Systems of Organization. London: Tavistock Publications.

［8］Jaques, E., 1995, Why the psychoanalytic approach to understanding organization is dysfunctional.Human Relations, 48（3）, 343-349.

［9］Jaques, E., 1989, Requisite Organisation. Harlington, VA.: Cason Hall.

［10］Amado, G., 1999, Why psychoanalysis knowledge helps us understand organizations: a discussion with Elliot Jaques, Human Relations, Vol. 48, No. 4.

［11］凯茨·德·弗里斯, 2014, 组织的反思, 东方出版社.

［12］詹姆斯, 2019, 原生家庭生存指南: 如何摆脱非正常家庭环境的影响, 江西人民出版社.

［13］Berlin, h., a., 2011, The Neural Basis of the Dynamic Unconscious, Neuropsychoanalysis, 13（1）.

［14］Cikara, M., Van Bavel, J., J., 2014, The Neuroscience of Intergroup Relations: An Integrative Review, Perspectives on Psychological Science, 9: 245.

第 20 章

［1］Vansina, L., Vansina - Cobbaert, M., Amado, G., Schruijer, S., 2008,

Psychodynamics for Consultants and Managers: From Understanding to Leading Meaningful Change, Wiley-Blackwell.

第 21 章

[1] Krantz, J., 2001, Dilemmas of organizational change: A systems psychodynamic perspective. In: L. Gould, L. F. Stapley & M. Stein (Eds.) The systems psychodynamics of organizations, (pp. 133-156). London, UK: Karnac Books.

第 22 章

[1] Krantz, J., 2001, Dilemmas of organizational change: A systems psychodynamic perspective. In: L. Gould, L. F. Stapley & M. Stein (Eds.) The systems psychodynamics of organizations, (pp. 133-156). London, UK: Karnac Books.

第 23 章

[1] Gould, L., Stapley, L., Stein, M., 2004, Experiential Learning in Organizations: Applications of the Tavistock Group Relations Approach, Routledge.

第 24 章

[1] Hoyer, B., 2013, Systems Psychodynamics in Times of Organizational Change, INSEAD research paper.

第 25 章

[1] Challenger. R., Clegg, C., 2011, Crowd disasters: a socio - technical. systems perspective, Journal of the Academy of Social Science, 6:3, 343-360.

[2] Hillsborough Disaster, https://en.wikipedia.org/wiki/Hillsborough_disaster.

[3] Davis, M. C., Challenger, R., Jayewardene, D. N. W. & Clegg, C. W. , 2014, Advancing socio-technical systems thinking: A call for bravery. Applied Ergonomics, 45 (2A), 171-180.

[4] Challenger, R., Clegg, C. W., & Robinson, M. A. (2010a). Understanding Crowd Behaviours Volume 1: Practical Guidance and Lessons Identified. London: TSO.

[5] Challenger, R., Clegg, C. W., & Robinson, M. A. (2010b). Understanding Crowd Behaviours, Volume 2: Supporting Theory and Evidence. London: TSO.